色って いろいろ

お兄《にい》さんたち何《なに》話《はな》してるの？
スイタイとかシキカクとか色《いろ》がどうとか…
ああ今《いま》大学《だいがく》で勉強《べんきょう》していることだよ
色《いろ》の見《み》え方《かた》の研究《けんきゅう》をしている先生《せんせい》の授業《じゅぎょう》がとてもおもしろいの
談話室《だんわしつ》
色《いろ》を感《かん》じるのは目《め》のおくにあるすいたい（錐体《すいたい》）というセンサーがあるからなのよ
カメラからの信号《しんごう》でテレビに色《いろ》が映《うつ》るように
テレビカメラ
信号《しんごう》
ケーブル
光
光
光
光
いろいろだ
神経《しんけい》
信号
センサーのすいたいで受《う》け取《と》って
色《いろ》は脳《のう》でつくられるのよ

犬《いぬ》は そのセンサーが 2種類《しゅるい》だったり ※ある魚《さかな》は8種類《しゅるい》も もっていたり 生《い》き物《もの》によって 数《かず》がちがうんだ
ぼく 4種類《しゅるい》 ♪
さっきの金魚《きんぎょ》から ぼくらって どんな色《いろ》に 見《み》えるんだろう？
わたしたちは 何種類《なんしゅるい》 もってるの？
人間《にんげん》は 3色型《しょくがた》色覚《しきかく》といって 多《おお》くの人が 3種類《しゅるい》のセンサーを もってるんだ
ぼくたち すいたい3兄弟《きょうだい》 感《かん》じる色《いろ》が それぞれ ちがうよ
人数《にんずう》は少《すく》ないけど すいたいが2種類《しゅるい》の 2色型《しょくがた》の人も いるんだよ
3色型《しょくがた》の見《み》え方《かた》とは ちがうとくちょうが あるんだ
BEPPU
色《いろ》の見《み》え方《かた》は 同《おな》じ人間《にんげん》でも いくつもの タイプが あるのよ
へぇ
多《おお》くの人《ひと》の色覚《しきかく》（色《いろ》の感《かん》じ方《かた》）を 「多数《たすう》色覚《しきかく》」といい 多《おお》くの人《ひと》とはちがう人《ひと》の色覚《しきかく》を 数《かず》が少《すく》ない人《ひと》の色覚《しきかく》なので 「少数《しょうすう》色覚《しきかく》」といいます
ぼくたちも 大学《だいがく》の先生《せんせい》の話《はなし》 聞《き》きたくなったなぁ

※ゼブラフィッシュ（別名《べつめい》ゼブラダニオ）という体長《たいちょう》5センチほどの魚《さかな》は8種類《しゅるい》のすいたいをもっていることが発見《はっけん》されました

○○ 研究室
おじゃまします
いらっしゃい
ではまず色《いろ》の感《かん》じ方《かた》にちがいがあることを確かめてみようね
赤
緑
青緑
黄
黄緑
淡い青緑
それぞれ横《よこ》にならんだ3つ目立《めだ》って見《み》えるのはどれ？
わたしはどちらもいちばん左《ひだり》が目立《めだ》って見《み》えるわ
ぼくは青緑《あおみどり》が大《おお》きくちがって見《み》えるなぁ
どちらも正解《せいかい》！
多数色覚《たすうしきかく》の人《ひと》は赤が目立《めだ》って見《み》えて少数色覚《しょうすうしきかく》の人《ひと》は青色《あおいろ》が目立《めだ》って見《み》えるとくちょうがあるんだ
同《おな》じ人間《にんげん》でも色《いろ》を見分《みわ》ける感覚《かんかく》にはちがいがあるんだ人数《にんずう》が少《すく》ないからといって少数色覚《しょうすうしきかく》は特別《とくべつ》なことではないんだよ

色《いろ》の見《み》え方《かた》を調《しら》べる検査《けんさ》はないんですか？
こんな検査《けんさ》方法《ほうほう》があるのよけれども…
【仮性同色表《かせいどうしょくひょう》】
色《いろ》のモザイクの中《なか》から数字《すうじ》や記号《きごう》を読《よ》み取《と》ります
【パネルD-15】
15色《しょく》のパネルを色《いろ》の順《じゅん》に並《なら》べます
【アノマロスコープ】
中《なか》の色《いろ》の光《ひかり》をのぞいて判定《はんてい》します
けれども？
検査《けんさ》でわかるのは「ある色《いろ》とほかの色《いろ》を見分《みわ》けられるか」だけで「どのように見《み》えているか」ではないんだよ
そうかぁ
でもセンサーが2つより3つのほうが色《いろ》を多く見分《みわ》けられますよね
…ということは3色型《しょくがた》色覚《しきかく》のほうが生活《せいかつ》するのに都合《つごう》がいい！
ふふふそれがそうでもないのよ
人間《にんげん》以外《いがい》の研究《けんきゅう》からいろいろわかってきてるんだ
たとえばおさるさん

※中南米《ちゅうなんべい》に住《す》む
多《おお》くのおさるさんにも
3色型《しょくがた》と2色型《しょくがた》の
色覚《しきかく》があるんだ
緑《みどり》の葉《は》の中《なか》から
赤《あか》い実《み》を見《み》つけて
食《た》べるのは
3色型《しょくがた》が都合《つごう》がいいと
思《おも》われがちだけど
明《あか》るさのちがいや
においをもとに
見《み》つけたりして
2色型《しょくがた》のおさるさんは
困《こま》ってはいなかった
クン
クン
それどころか2色型《しょくがた》の
おさるさんのほうが
まわりの色《いろ》にまぎれている
虫《むし》を見《み》つけるのが
上手《じょうず》だったり…
暗《くら》くなると
その力《ちから》は特《とく》に
すごくなって
近《ちか》づいてきた敵《てき》に
いち早《はや》く気《き》づいたり…
大昔《おおむかし》の人間《にんげん》も
そんな少数色覚《しょうすうしきかく》の
仲間《なかま》がいると
その集団《しゅうだん》は
とても都合《つごう》が良《よ》かったと
考《かんが》えることもできるんだ
そう
なんだぁ
いろんな色覚《しきかく》が
協力《きょうりょく》しあって
いたんですね

※アメリカ大陸《たいりく》の中央部《ちゅうおうぶ》から南《みなみ》アメリカ大陸《たいりく》までの広《ひろ》い地域《ちいき》のこと

もう一《ひと》つ実験《じっけん》絵《え》の中《なか》のどの動物《どうぶつ》が見《み》つけやすいかな？
おさるさんが木《き》の上《うえ》にいるわ
草《くさ》むらに2頭《とう》何《なに》かいるね…
鳥《とり》は1羽《わ》かと思《おも》ったら…
人《ひと》によって見《み》つけやすい動物《どうぶつ》がちがったりするよね
それぞれのタイプにとくいな色分《いろわ》けがあるということですね
実《じつ》はこれまで少数色覚《しょうすうしきかく》の人《ひと》について理解《りかい》されなかったり誤解《ごかい》からいろいろおかしなことが起《お》きてたんだ
病気《びょうき》のように治《なお》そうとしたり
電流《でんりゅう》を流《なが》す治療《ちりょう》をしましょう
病気《びょうき》じゃないんだから治療《ちりょう》なんておかしいよ

※今《いま》は少数色覚《しょうすうしきかく》のお医者《いしゃ》さんやデザイナーや学校《がっこう》の先生《せんせい》もたくさんいます

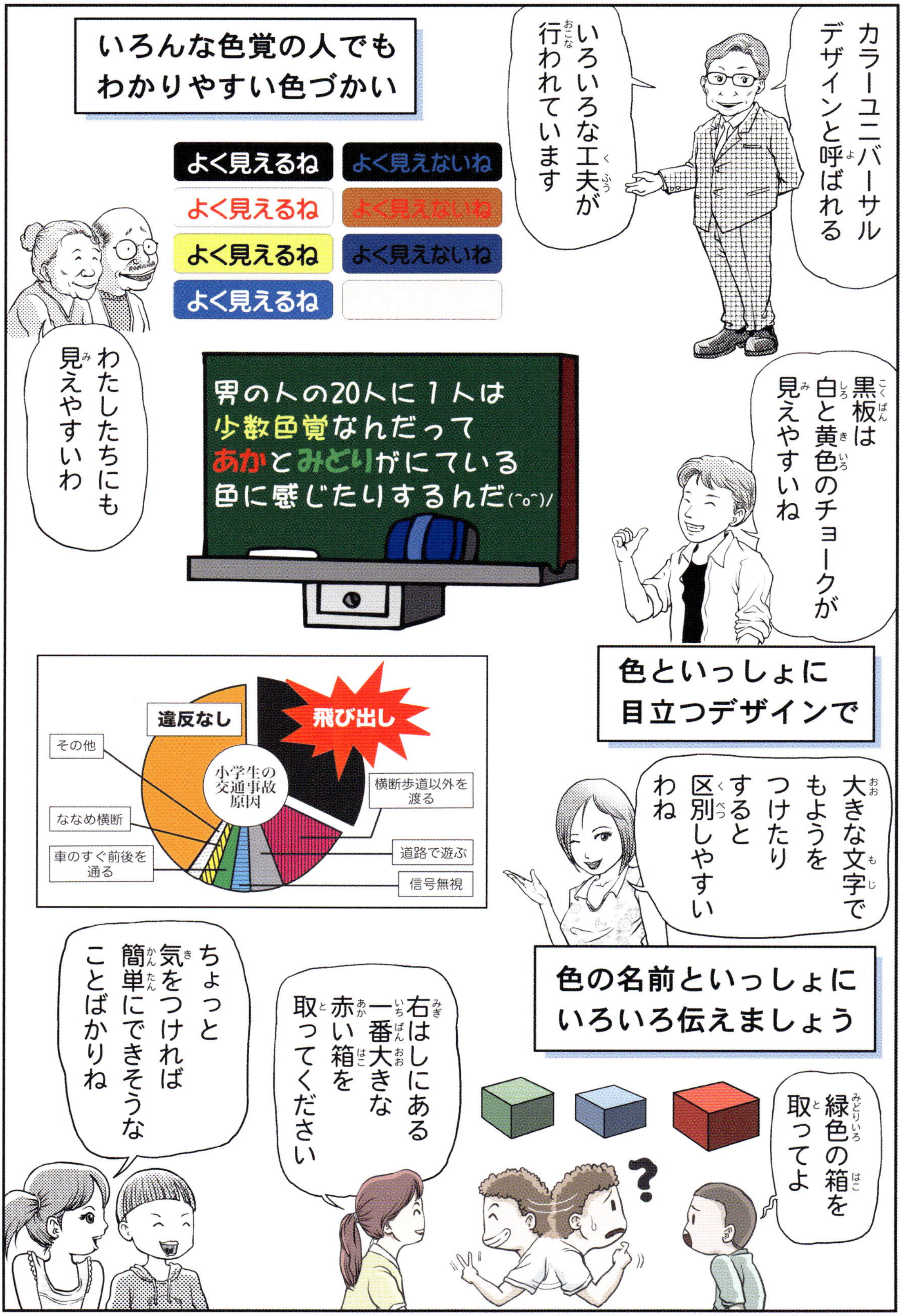
カラーユニバーサルデザインと呼《よ》ばれる
いろいろな工夫《くふう》が行《おこな》われています
いろんな色覚の人でもわかりやすい色づかい
よく見えるね
よく見えないね
よく見えるね
よく見えないね
よく見えるね
よく見えないね
よく見えるね
わたしたちにも見《み》えやすいわ
黒板《こくばん》は白《しろ》と黄色《きいろ》のチョークが見《み》えやすいね
男の人の20人に1人は少数色覚なんだってあかとみどりがにている色に感じたりするんだ(^o^)/
色といっしょに目立つデザインで
大《おお》きな文字《もじ》でもようをつけたりすると区別《くべつ》しやすいわね
飛び出し
違反なし
小学生の交通事故原因
その他
ななめ横断
車のすぐ前後を通る
横断歩道以外を渡る
道路で遊ぶ
信号無視
色の名前といっしょにいろいろ伝えましょう
緑色《みどりいろ》の箱《はこ》を取《と》ってよ
?
右《みぎ》はしにある一番《いちばん》大《おお》きな赤《あか》い箱《はこ》を取《と》ってください
ちょっと気《き》をつければ簡単《かんたん》にできそうなことばかりね

わたしたちの中《なか》にも少数《しょうすう》色覚《しきかく》の人《ひと》がたくさんいるのよね
ぼくたちもいろいろな工夫《くふう》や助《たす》け合《あ》いを心《こころ》がけなきゃいけないね
そうですそういう理解《りかい》が深《ふか》まれば
色覚《しきかく》バリアフリーが実現《じつげん》できるよ
わたしたちの手《て》で…
できることから始《はじ》めよう
いろんな色覚《しきかく》の人《ひと》がともに生《い》きるすばらしさ！色覚《しきかく》だけじゃないねいろんな感《かん》じ方《かた》の人《ひと》がいっしょにいるから楽《たの》しくてすてきな世《よ》の中《なか》なんだ
そのとおりね！
人間《にんげん》っておもしろい！
いろいろがいいのよね

おうちのかたへ

人間《にんげん》には色《いろ》を感《かん》じる色覚《しきかく》があります。色覚《しきかく》は眼《め》の奥《おく》にある錐体《すいたい》という細胞《さいぼう》が光《ひかり》の波長《はちょう》に反応《はんのう》し、脳《のう》にその信号《しんごう》が送《おく》られ発生《はっせい》します。多《おお》くの人《ひと》は錐体《すいたい》を３種類《しゅるい》もっていますが、錐体《すいたい》の感度《かんど》が多《おお》くの人《ひと》と少《すこ》し違《ちが》ったり、錐体《すいたい》の種類《しゅるい》が２種類《しゅるい》だったりする少数色覚《しょうすうしきかく》の人《ひと》（色覚《しきかく》が少数派《しょうすうは》で日本人男性《にほんじんだんせい》の約《やく》２０人《にん》に一人《ひとり》、女性《じょせい》の約《やく》５００人《にん》に一人《ひとり》の割合《わりあい》）もいます。

少数色覚《しょうすうしきかく》は伴性潜性遺伝《はんせいせんせいいでん》という法則《ほうそく》で子孫《しそん》に伝《つた》わります。日本人女《にほんじんじょ》性《せい》の１０人《にん》に一人《ひとり》は少数色覚《しょうすうしきかく》の子《こ》どもが生《う》まれる可能性《かのうせい》のある保因者《ほいんしゃ》です。少数色覚《しょうすうしきかく》はとても多《おお》くの女性《じょせい》にも関係《かんけい》する身近《みぢか》なものです。

<table>
<tr><th colspan="4" rowspan="2">色覚の分類</th><th colspan="3">錐体</th><th rowspan="2">桿体</th><th rowspan="2">日本人男性の出現率</th><th colspan="2" rowspan="2">眼科学会の呼称</th></tr>
<tr><th>S</th><th>M</th><th>L</th></tr>
<tr><td colspan="3">多数色覚（３色覚）</td><td>C型</td><td>○</td><td>○</td><td>○</td><td>○</td><td>約９５％</td><td colspan="2">正常色覚</td></tr>
<tr><td rowspan="9">先天少数色覚</td><td rowspan="4">先天赤緑少数色覚</td><td rowspan="2">少数３色覚</td><td>P型</td><td>○</td><td>○</td><td>☆</td><td>○</td><td rowspan="2">P型合計 約１．５％</td><td rowspan="9">色覚異常</td><td>１型３色覚</td></tr>
<tr><td>D型</td><td>○</td><td>☆</td><td>○</td><td>○</td><td>２型３色覚</td></tr>
<tr><td rowspan="2">２色覚</td><td>P型</td><td>○</td><td>○</td><td></td><td>○</td><td rowspan="2">D型合計 約３．５％</td><td>１型２色覚</td></tr>
<tr><td>D型</td><td>○</td><td></td><td>○</td><td>○</td><td>２型２色覚</td></tr>
<tr><td colspan="2">２色覚</td><td>T型</td><td></td><td>○</td><td>○</td><td>○</td><td>T型 約０．００１％以下</td><td>３型２色覚</td></tr>
<tr><td colspan="2" rowspan="3">錐体１色覚</td><td rowspan="4">A型</td><td>○</td><td></td><td></td><td>○</td><td rowspan="4">約０．００１％</td><td rowspan="4">１色覚</td></tr>
<tr><td></td><td>○</td><td></td><td>○</td></tr>
<tr><td></td><td></td><td>○</td><td>○</td></tr>
<tr><td colspan="2">桿体１色覚</td><td></td><td></td><td></td><td>○</td></tr>
</table>

○　＝　機能させている
☆　＝　○とは異なる波長感度をもっている

これまで、少数色覚《しょうすうしきかく》は多数色覚《たすうしきかく》にくらべて劣《おと》ったものだととらえられることが多《おお》くありました。そのため少数色覚者《しょうすうしきかくしゃ》の受《う》け入《い》れを拒否《きょひ》する学校《がっこう》や職場《しょくば》があるなどの人権問題《じんけんもんだい》があり、残念《ざんねん》ながらそれは今《いま》も一部残《いちぶのこ》されています。「検査《けんさ》で早《はや》く少数色覚者《しょうすうしきかくしゃ》を発見《はっけん》し色《いろ》を使《つか》う仕事《しごと》を避《さ》けさせるべきだ」という考《かんが》えもあります。しかし、少数色覚者《しょうすうしきかくしゃ》を拒否《きょひ》する正当《せいとう》な理由《りゆう》が本当《ほんとう》にあるのでしょうか？

現代《げんだい》、人間《にんげん》は身《み》につける服《ふく》の色《いろ》を選《えら》んだり絵《え》に色《いろ》を塗《ぬ》ったり色《いろ》を自由《じゆう》に使《つか》えるようになりました。多数色覚者《たすうしきかくしゃ》を基準《きじゅん》に決《き》められた色《いろ》の名前《なまえ》は少数色覚者《しょうすうしきかくしゃ》にわかりづらいことも確《たし》かにあり、見分《みわ》けるのが難《むずか》しいこともあります。でも、この冊子《さっし》でその逆《ぎゃく》があることもおわかりいただけると思《おも》います。

少数色覚者《しょうすうしきかくしゃ》は年齢《ねんれい》を重《かさ》ねるにつれ自分《じぶん》の色覚《しきかく》をしだいに理解《りかい》し、どうすればよいかを身《み》につけていきます。全国《ぜんこく》に３２０万人《まんにん》もの少数色覚者《しょうすうしきかくしゃ》がいますが、「困《こま》った」という声《こえ》をほとんど聞《き》くことがないのはそのためです。

最近《さいきん》の研究《けんきゅう》で、人間《にんげん》の色覚《しきかく》は人《ひと》によって大《おお》きく異《こと》なる多様性《たようせい》があること、少数色覚《しょうすうしきかく》には多数色覚《たすうしきかく》にはないすぐれた面《めん》もあることなどが明《あき》らかになりました。また、色覚《しきかく》の違《ちが》いによる社会《しゃかい》の壁《かべ》をなくそうとする「色覚《しきかく》バリアフリー」の取《と》り組《く》みも大《おお》きく広《ひろ》がりつつあります。

色覚《しきかく》だけではありません。人《ひと》にはいろいろな多様性《たようせい》があり一人一人《ひとりひとり》みな違《ちが》います。わたしたちは、それらの違《ちが》いをお互《たが》い認《みと》め合《あ》い、助《たす》け合《あ》える、みんなにやさしい社会《しゃかい》づくりをめざしています。

【おことわり】本冊子《ほんさっし》は人権問題《じんけんもんだい》として色覚《しきかく》を考《かんが》える学習資料《がくしゅうしりょう》です。多《おお》くの人《ひと》と異《こと》なる色覚《しきかく》やそれを有《ゆう》する人《ひと》には社会的少数者《しやかいてきしょうすうしゃ》としての人権問題《じんけんもんだい》があるという考《かんが》え方《かた》から、医学用語《いがくようご》ではなく、特《とく》徴《ちょう》を「少数色覚《しょうすうしきかく》」、人《ひと》を「少数色覚者《しょうすうしきかくしゃ》」と称《しょう》しています。

しきかく学習
カラーメイト
https://color-mate.net/

カラーメイト

製作・著作　しきかく学習カラーメイト　（代表　尾家 宏昭）　E-Mail　info@color-mate.net
マンガ　金 孝源＝キム・ヒョウォン　（別府大学 文学部 国際言語・文化学科 マンガ・アニメーションコース 専任講師）
脚色協力　田代 しんたろう　（別府大学 文学部 国際言語・文化学科 マンガ・アニメーションコース 客員教授）
監修（50音順）　岡部 正隆　（東京慈恵会医科大学 解剖学講座 教授、カラーユニバーサルデザイン機構 副理事長）
河村 正二　（東京大学 大学院 新領域創成科学研究科 先端生命科学専攻 人類進化システム分野 教授）
齋藤 慈子　（武蔵野大学 教育学部 児童教育学科 講師）
高柳 泰世　（本郷眼科・神経内科、名古屋市学校医(眼科)会 名誉会長、藤田保健衛生大学医学部公衆衛生学 客員教授）

2017年3月20日初版 2019年6月4日改訂3版 発行

はじめて色覚《しきかく》にであう本《ほん》

色《いろ》って　いろいろ

しきかく学習

カラーメイト

市民図書館
わぁ きれいな 金魚《きんぎょ》!
まっ赤《か》だね
ええ? ちょっと オレンジっ ぽいよ
でも 魚《さかな》の スイタイ って あんなに 種類《しゅるい》が あるなんて びっくり だよな
え?!
昨日《きのう》教《おそ》わった シキカクの 話《はなし》ね
色《いろ》を 感《かん》じるって 不思議《ふしぎ》 だよな
自分《じぶん》が見《み》ている色《いろ》が 正《ただ》しいと思《おも》っていたけど ほかの人《ひと》や動物《どうぶつ》と 同《おな》じとはかぎらないんだよな

お兄《にい》さんたち何《なに》話《はな》してるの？
スイタイとかシキカクとか色《いろ》がどうとか…
ああ 今《いま》大学《だいがく》で勉強《べんきょう》していることだよ
色《いろ》の見《み》え方《かた》の研究《けんきゅう》をしている先生《せんせい》の授業《じゅぎょう》がとてもおもしろいの
談話室《だんわしつ》
色《いろ》を感《かん》じるのは目《め》のおくにあるすいたい（錐体《すいたい》）というセンサーがあるからなのよ
カメラからの信号《しんごう》でテレビに色《いろ》が映《うつ》るように
テレビカメラ
光
光
光
光
信号《しんごう》
ケーブル
神経《しんけい》
いろいろだ
信号
センサーのすいたいで受《う》け取《と》って
色《いろ》は脳《のう》でつくられるのよ

※ゼブラフィッシュ（別名《べつめい》ゼブラダニオ）という体長《たいちょう》5センチほどの魚《さかな》は8種類《しゅるい》のすいたいをもっていることが発見《はっけん》されました

〇〇 研究室
おじゃまします
いらっしゃい
ではまず色《いろ》の感《かん》じ方《かた》にちがいがあることを確かめてみようね
それぞれ横《よこ》にならんだ3つ目立《めだ》って見《み》えるのはどれ?
赤
緑
青緑
黄
黄緑
淡い青緑
わたしはどちらもいちばん左《ひだり》が目立《めだ》って見《み》えるわ
ぼくは青緑《あおみどり》が大《おお》きくちがって見《み》えるなぁ
どちらも正解《せいかい》!
多数色覚《たすうしきかく》の人《ひと》は赤が目立《めだ》って見《み》えて少数色覚《しょうすうしきかく》の人《ひと》は青色《あおいろ》が目立《めだ》って見《み》えるとくちょうがあるんだ
同《おな》じ人間《にんげん》でも色《いろ》を見分《みわ》ける感覚《かんかく》にはちがいがあるんだ人数《にんずう》が少《すく》ないからといって少数色覚《しょうすうしきかく》は特別《とくべつ》なことではないんだよ

色《いろ》の見《み》え方《かた》を調《しら》べる検査《けんさ》はないんですか？
こんな検査《けんさ》方法《ほうほう》があるのよけれども…
【仮性同色表《かせいどうしょくひょう》】
色《いろ》のモザイクの中《なか》から数字《すうじ》や記号《きごう》を読《よ》み取《と》ります
【パネルD-15】
15色《しょく》のパネルを色《いろ》の順《じゅん》に並《なら》べます
【アノマロスコープ】
中《なか》の色《いろ》の光《ひかり》をのぞいて判定《はんてい》します
けれども？
検査《けんさ》でわかるのは「ある色《いろ》とほかの色《いろ》を見分《みわ》けられるか」だけで「どのように見《み》えているか」ではないんだよ
そうかぁ
でもセンサーが2つより3つのほうが色《いろ》を多く見分《みわ》けられますよね
…ということは3色型《しょくがた》色覚《しきかく》のほうが生活《せいかつ》するのに都合《つごう》がいい！
ふふふそれがそうでもないのよ
人間以外《にんげんいがい》の研究《けんきゅう》からいろいろわかってきてるんだ
たとえばおさるさん

※アメリカ大陸《たいりく》の中央部《ちゅうおうぶ》から南《みなみ》アメリカ大陸《たいりく》までの広《ひろ》い地域《ちいき》のこと

もう一つ《ひと》実験《じっけん》絵《え》の中《なか》のどの動物《どうぶつ》が見《み》つけやすいかな？
おさるさんが木《き》の上《うえ》にいるわ
草《くさ》むらに2頭《とう》何《なに》かいるね…
鳥《とり》は1羽《わ》かと思《おも》ったら…
人《ひと》によって見《み》つけやすい動物《どうぶつ》がちがったりするよね
それぞれのタイプにとくいな色分《いろわ》けがあるということですね
実《じつ》はこれまで少数色覚《しょうすうしきかく》の人《ひと》について理解《りかい》されなかったり誤解《ごかい》からいろいろおかしなことが起《お》きてたんだ
病気《びょうき》のように治《なお》そうとしたり
電流《でんりゅう》を流《なが》す治療《ちりょう》をしましょう
病気《びょうき》じゃないんだから治療《ちりょう》なんておかしいよ

※今《いま》は少数色覚《しょうすうしきかく》のお医者《いしゃ》さんやデザイナーや学校《がっこう》の先生《せんせい》もたくさんいます

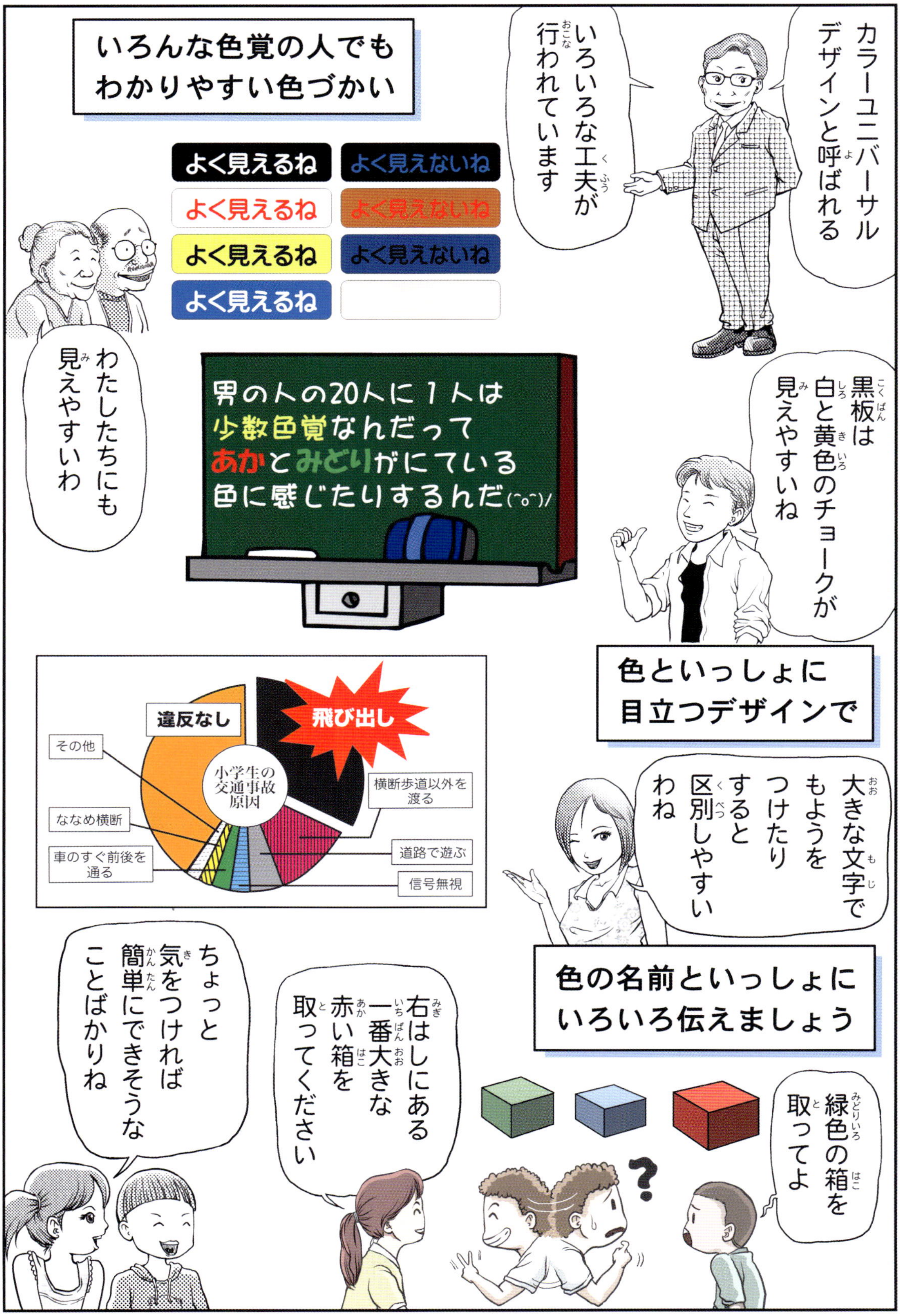
カラーユニバーサルデザインと呼《よ》ばれる
いろいろな工夫《くふう》が行《おこな》われています
いろんな色覚の人でも
わかりやすい色づかい
よく見えるね
よく見えないね
よく見えるね
よく見えないね
よく見えるね
よく見えないね
よく見えるね
わたしたちにも見《み》えやすいわ
男の人の20人に1人は
少数色覚なんだって
あかとみどりがにている
色に感じたりするんだ(^o^)/
黒板《こくばん》は白《しろ》と黄色《きいろ》のチョークが見《み》えやすいね
色といっしょに
目立つデザインで
違反なし
飛び出し
小学生の交通事故原因
その他
横断歩道以外を渡る
ななめ横断
道路で遊ぶ
車のすぐ前後を通る
信号無視
大《おお》きな文字《もじ》でもようをつけたりすると区別《くべつ》しやすいわね
色の名前といっしょに
いろいろ伝えましょう
緑色《みどりいろ》の箱《はこ》を取《と》ってよ
?
右《みぎ》はしにある一番《いちばん》大《おお》きな赤《あか》い箱《はこ》を取《と》ってください
ちょっと気《き》をつければ簡単《かんたん》にできそうなことばかりね

わたしたちの中《なか》にも少数《しょうすう》色覚《しきかく》の人《ひと》がたくさんいるのよね
ぼくたちもいろいろな工夫《くふう》や助《たす》け合《あ》いを心《こころ》がけなきゃいけないね
そうです そういう理解《りかい》が深《ふか》まれば
色覚《しきかく》バリアフリーが実現《じつげん》できるよ
できることから始《はじ》めよう
わたしたちの手《て》で…
いろんな色覚《しきかく》の人《ひと》がともに生《い》きるすばらしさ！ 色覚《しきかく》だけじゃないね いろんな感《かん》じ方《かた》の人《ひと》がいっしょにいるから楽《たの》しくてすてきな世《よ》の中《なか》なんだ
そのとおりね！
人間《にんげん》っておもしろい！
いろいろがいいのよね

おうちのかたへ

人間《にんげん》には色《いろ》を感《かん》じる色覚《しきかく》があります。色覚《しきかく》は眼《め》の奥《おく》にある錐体《すいたい》という細胞《さいぼう》が光《ひかり》の波長《はちょう》に反応《はんのう》し、脳《のう》にその信号《しんごう》が送《おく》られ発生《はつせい》します。多《おお》くの人《ひと》は錐体《すいたい》を３種類《しゅるい》もっていますが、錐体《すいたい》の感度《かんど》が多《おお》くの人《ひと》と少《すこ》し違《ちが》ったり、錐体《すいたい》の種類《しゅるい》が２種類《しゅるい》だったりする少数色覚《しょうすうしきかく》の人《ひと》（色覚《しきかく》が少数《しょうすう》派《は》で日本人男性《にほんじんだんせい》の約《やく》２０人《にん》に一人《ひとり》、女性《じょせい》の約《やく》５００人《にん》に一人《ひとり》の割合《わりあい》）もいます。

<table>
<tr><th colspan="4" rowspan="2">色覚の分類</th><th colspan="3">錐体</th><th rowspan="2">桿体</th><th rowspan="2">日本人男性の出現率</th><th colspan="2" rowspan="2">眼科学会の呼称</th></tr>
<tr><th>S</th><th>M</th><th>L</th></tr>
<tr><td colspan="3">多数色覚（３色覚）</td><td>C型</td><td>○</td><td>○</td><td>○</td><td>○</td><td>約９５％</td><td colspan="2">正常色覚</td></tr>
<tr><td rowspan="10">先天少数色覚</td><td rowspan="4">先天赤緑少数色覚</td><td rowspan="2">少数３色覚</td><td>P型</td><td>○</td><td>○</td><td>☆</td><td>○</td><td rowspan="2">P型合計　約１．５％</td><td rowspan="9">色覚異常</td><td>１型３色覚</td></tr>
<tr><td>D型</td><td>○</td><td>☆</td><td>○</td><td>○</td><td>２型３色覚</td></tr>
<tr><td rowspan="2">２色覚</td><td>P型</td><td>○</td><td>○</td><td></td><td>○</td><td rowspan="2">D型合計　約３．５％</td><td>１型２色覚</td></tr>
<tr><td>D型</td><td>○</td><td></td><td>○</td><td>○</td><td>２型２色覚</td></tr>
<tr><td colspan="2">２色覚</td><td>T型</td><td></td><td>○</td><td>○</td><td>○</td><td>T型　約０．００１％以下</td><td>３型２色覚</td></tr>
<tr><td colspan="2" rowspan="3">錐体１色覚</td><td rowspan="4">A型</td><td>○</td><td></td><td></td><td>○</td><td rowspan="4">約０．００１％</td><td rowspan="4">１色覚</td></tr>
<tr><td></td><td>○</td><td></td><td>○</td></tr>
<tr><td></td><td></td><td>○</td><td>○</td></tr>
<tr><td colspan="2">桿体１色覚</td><td></td><td></td><td></td><td>○</td></tr>
</table>

○　＝　機能させている
☆　＝　○とは異なる波長感度をもっている

少数色覚《しょうすうしきかく》は伴性潜性遺伝《はんせいせんせいいでん》という法則《ほうそく》で子孫《しそん》に伝《つた》わります。日本人女性《にほんじんじょせい》の１０人《にん》に一人《ひとり》は少数色覚《しょうすうしきかく》の子《こ》どもが生《う》まれる可能性《かのうせい》のある保因者《ほいんしゃ》です。少数色覚《しょうすうしきかく》はとても多《おお》くの女性《じょせい》にも関係《かんけい》する身近《みぢか》なものです。

これまで、少数色覚《しょうすうしきかく》は多数色覚《たすうしきかく》にくらべて劣《おと》ったものだととらえられることが多《おお》くありました。そのため少数色覚者《しょうすうしきかくしゃ》の受《う》け入《い》れを拒否《きょひ》する学校《がっこう》や職場《しょくば》があるなどの人権問題《じんけんもんだい》があり、残念《ざんねん》ながらそれは今《いま》も一部残《いちぶのこ》されています。「検査《けんさ》で早《はや》く少数色覚者《しょうすうしきかくしゃ》を発見《はっけん》し色《いろ》を使《つか》う仕事《しごと》を避《さ》けさせるべきだ」という考《かんが》えもあります。しかし、少数色覚者《しょうすうしきかくしゃ》を拒否《きょひ》する正当《せいとう》な理由《りゆう》が本当《ほんとう》にあるのでしょうか？

現代《げんだい》、人間《にんげん》は身《み》につける服《ふく》の色《いろ》を選《えら》んだり絵《え》に色《いろ》を塗《ぬ》ったり色《いろ》を自由《じゆう》に使《つか》えるようになりました。多数色覚者《たすうしきかくしゃ》を基準《きじゅん》に決《き》められた色《いろ》の名前《なまえ》は少数色覚者《しょうすうしきかくしゃ》にわかりづらいことも確《たし》かにあり、見分《みわ》けるのが難《むずか》しいこともあります。でも、この冊子《さっし》でその逆《ぎゃく》があることもおわかりいただけると思《おも》います。

少数色覚者《しょうすうしきかくしゃ》は年齢《ねんれい》を重《かさ》ねるにつれ自分《じぶん》の色覚《しきかく》をしだいに理解《りかい》し、どうすればよいかを身《み》につけていきます。全国《ぜんこく》に３２０万人《まんにん》もの少数色覚者《しょうすうしきかくしゃ》がいますが、「困《こま》った」という声《こえ》をほとんど聞《き》くことがないのはそのためです。

最近《さいきん》の研究《けんきゅう》で、人間《にんげん》の色覚《しきかく》は人《ひと》によって大《おお》きく異《こと》なる多様性《たようせい》があること、少数色覚《しょうすうしきかく》には多数色覚《たすうしきかく》にはないすぐれた面《めん》もあることなどが明《あき》らかになりました。また、色覚《しきかく》の違《ちが》いによる社会《しゃかい》の壁《かべ》をなくそうとする「色覚《しきかく》バリアフリー」の取《と》り組《く》みも大《おお》きく広《ひろ》がりつつあります。

色覚《しきかく》だけではありません。人《ひと》にはいろいろな多様性《たようせい》があり一人一人《ひとりひとり》みな違《ちが》います。わたしたちは、それらの違《ちが》いをお互《たが》い認《みと》め合《あ》い、助《たす》け合《あ》える、みんなにやさしい社会《しゃかい》づくりをめざしています。

【おことわり】本冊子《ほんさっし》は人権問題《じんけんもんだい》として色覚《しきかく》を考《かんが》える学習資料《がくしゅうしりょう》です。多《おお》くの人《ひと》と異《こと》なる色覚《しきかく》やそれを有《ゆう》する人《ひと》には社会的少数者《しやかいてきしょうすうしゃ》としての人権問題《じんけんもんだい》があるという考《かんが》え方《かた》から、医学用語《いがくようご》ではなく、特徴《とくちょう》を「少数色覚《しょうすうしきかく》」、人《ひと》を「少数色覚者《しょうすうしきかくしゃ》」と称《しょう》しています。

しきかく学習
カラーメイト
https://color-mate.net/

カラーメイト

製作・著作　しきかく学習カラーメイト　（代表　尾家 宏昭）　E-Mail　info@color-mate.net
マンガ　金 孝源＝キム・ヒョウォン　（別府大学 文学部 国際言語・文化学科 マンガ・アニメーションコース 専任講師）
脚色協力　田代 しんたろう　（別府大学 文学部 国際言語・文化学科 マンガ・アニメーションコース 客員教授）
監修（50音順）　岡部 正隆　（東京慈恵会医科大学 解剖学講座 教授、カラーユニバーサルデザイン機構 副理事長）
河村 正二　（東京大学 大学院 新領域創成科学研究科 先端生命科学専攻 人類進化システム分野 教授）
齋藤 慈子　（武蔵野大学 教育学部 児童教育学科 講師）
高柳 泰世　（本郷眼科・神経内科、名古屋市学校医(眼科)会 名誉会長、藤田保健衛生大学医学部公衆衛生学 客員教授）

2017年3月20日初版 2019年6月4日改訂3版 発行

はじめて色《しき》覚《かく》にであう本《ほん》

色《いろ》って　いろいろ

しきかく学習
カラーメイト

市民図書館
わぁ
きれいな
金魚《きんぎょ》！
まっ赤《か》
だね
ええ？
ちょっと
オレンジっ
ぽいよ
でも
魚《さかな》の
スイタイ
って
あんなに
種類《しゅるい》が
あるなんて
びっくり
だよな
え?!
PUSH
昨日《きのう》教《おそ》わった
シキカクの
話《はなし》ね
色《いろ》を
感《かん》じるって
不思議《ふしぎ》
だよな
自分《じぶん》が見《み》ている色《いろ》が
正《ただ》しいと思《おも》っていたけど
ほかの人《ひと》や動物《どうぶつ》と
同《おな》じとはかぎらないんだよな

お兄《にい》さんたち何《なに》話《はな》してるの?
スイタイとかシキカクとか色《いろ》がどうとか…
ああ今《いま》大学《だいがく》で勉強《べんきょう》していることだよ
色《いろ》の見《み》え方《かた》の研究《けんきゅう》をしている先生《せんせい》の授業《じゅぎょう》がとてもおもしろいの
談話室《だんわしつ》
色《いろ》を感《かん》じるのは目《め》のおくにあるすいたい（錐体《すいたい》）というセンサーがあるからなのよ
カメラからの信号《しんごう》でテレビに色《いろ》が映《うつ》るように
テレビカメラ
光
光
光
光
信号《しんごう》
ケーブル
神経《しんけい》
いろいろだ
信号
センサーのすいたいで受《う》け取《と》って
色《いろ》は脳《のう》でつくられるのよ

※ゼブラフィッシュ（別名《べつめい》ゼブラダニオ）という体長《たいちょう》5センチほどの魚《さかな》は8種類《しゅるい》のすいたいをもっていることが発見《はっけん》されました

○○ 研究室
おじゃまします
いらっしゃい
ではまず色《いろ》の感《かん》じ方《かた》にちがいがあることを確かめてみようね
それぞれ横《よこ》にならんだ3つ目立《めだ》って見《み》えるのはどれ？
赤
緑
青緑
黄
黄緑
淡い青緑
わたしはどちらもいちばん左《ひだり》が目立《めだ》って見《み》えるわ
ぼくは青緑《あおみどり》が大《おお》きくちがって見《み》えるなぁ
どちらも正解《せいかい》！
多数色覚《たすうしきかく》の人《ひと》は赤が目立《めだ》って見《み》えて少数色覚《しょうすうしきかく》の人《ひと》は青色《あおいろ》が目立《めだ》って見《み》えるとくちょうがあるんだ
同《おな》じ人間《にんげん》でも色《いろ》を見分《みわ》ける感覚《かんかく》にはちがいがあるんだ人数《にんずう》が少《すく》ないからといって少数色覚《しょうすうしきかく》は特別《とくべつ》なことではないんだよ

色《いろ》の見《み》え方《かた》を調《しら》べる検査《けんさ》はないんですか？
こんな検査《けんさ》方法《ほうほう》があるのよけれども…
【仮性同色表《かせいどうしょくひょう》】
色《いろ》のモザイクの中《なか》から数字《すうじ》や記号《きごう》を読《よ》み取《と》ります
【パネルD-15】
15色《しょく》のパネルを色《いろ》の順《じゅん》に並《なら》べます
【アノマロスコープ】
中《なか》の色《いろ》の光《ひかり》をのぞいて判定《はんてい》します
けれども？
検査《けんさ》でわかるのは「ある色《いろ》とほかの色《いろ》を見分《みわ》けられるか」だけで「どのように見《み》えているか」ではないんだよ
そうかぁ
でもセンサーが2つより3つのほうが色《いろ》を多く見分《みわ》けられますよね
…ということは3色《しょく》型《がた》色覚《しきかく》のほうが生活《せいかつ》するのに都合《つごう》がいい！
ふふふそれがそうでもないのよ
人間《にんげん》以外《いがい》の研究《けんきゅう》からいろいろわかってきてるんだ
たとえばおさるさん

※アメリカ大陸《たいりく》の中央部《ちゅうおうぶ》から南《みなみ》アメリカ大陸《たいりく》までの広《ひろ》い地域《ちいき》のこと

もう一《ひと》つ実験《じっけん》絵《え》の中《なか》のどの動物《どうぶつ》が見《み》つけやすいかな？
おさるさんが木《き》の上《うえ》にいるわ
草《くさ》むらに2頭《とう》何《なに》かいるね…
鳥《とり》は1羽《わ》かと思《おも》ったら…
人《ひと》によって見《み》つけやすい動物《どうぶつ》がちがったりするよね
それぞれのタイプにとくいな色分《いろわ》けがあるということですね
実《じつ》はこれまで少数色覚《しょうすうしきかく》の人《ひと》について理解《りかい》されなかったり誤解《ごかい》からいろいろおかしなことが起《お》きてたんだ
病気《びょうき》のように治《なお》そうとしたり
電流《でんりゅう》を流《なが》す治療《ちりょう》をしましょう
病気《びょうき》じゃないんだから治療《ちりょう》なんておかしいよ

※今《いま》は少数《しょうすう》色覚《しきかく》のお医者《いしゃ》さんやデザイナーや学校《がっこう》の先生《せんせい》もたくさんいます

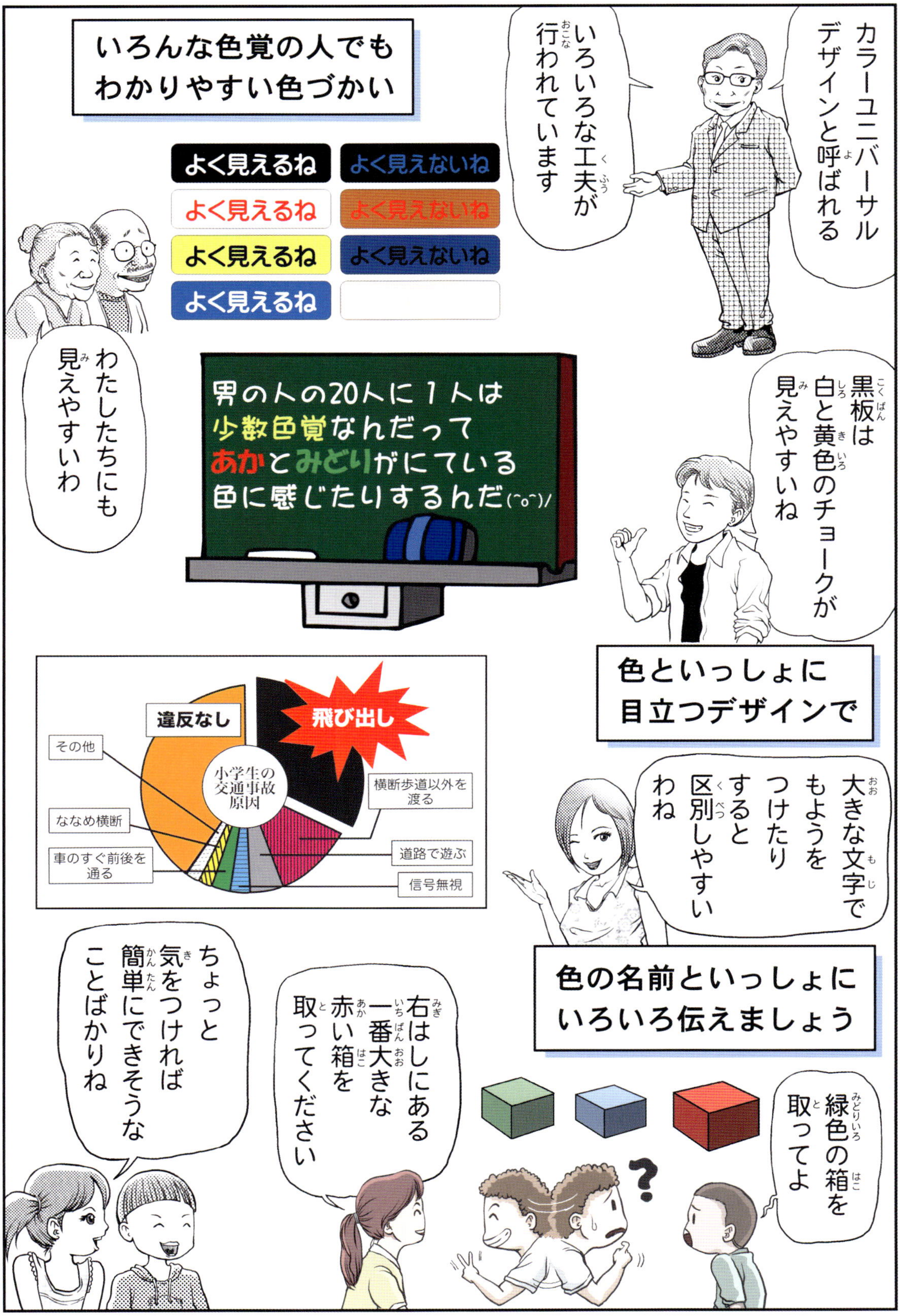
カラーユニバーサルデザインと呼《よ》ばれる
いろいろな工夫《くふう》が行《おこな》われています
いろんな色覚の人でもわかりやすい色づかい
よく見えるね
よく見えないね
よく見えるね
よく見えないね
よく見えるね
よく見えないね
よく見えるね
わたしたちにも見《み》えやすいわ
男の人の20人に１人は少数色覚なんだってあかとみどりがにている色に感じたりするんだ(^o^)/
黒板《こくばん》は白《しろ》と黄色《きいろ》のチョークが見《み》えやすいね
色といっしょに目立つデザインで
違反なし
飛び出し
その他
小学生の交通事故原因
横断歩道以外を渡る
ななめ横断
道路で遊ぶ
車のすぐ前後を通る
信号無視
大《おお》きな文字《もじ》でもようをつけたりすると区別《くべつ》しやすいわね
色の名前といっしょにいろいろ伝えましょう
緑色《みどりいろ》の箱《はこ》を取《と》ってよ
?
右《みぎ》はしにある一番《いちばん》大《おお》きな赤《あか》い箱《はこ》を取《と》ってください
ちょっと気《き》をつければ簡単《かんたん》にできそうなことばかりね

わたしたちの中《なか》にも少数色覚《しょうすうしきかく》の人《ひと》がたくさんいるのよね
ぼくたちもいろいろな工夫《くふう》や助《たす》け合《あ》いを心《こころ》がけなきゃいけないね
そうですそういう理解《りかい》が深《ふか》まれば
色覚《しきかく》バリアフリーが実現《じつげん》できるよ
わたしたちの手《て》で…
できることから始《はじ》めよう
いろんな色覚《しきかく》の人《ひと》がともに生《い》きるすばらしさ！色覚《しきかく》だけじゃないねいろんな感《かん》じ方《かた》の人《ひと》がいっしょにいるから楽《たの》しくてすてきな世《よ》の中《なか》なんだ
そのとおりね！
人間《にんげん》っておもしろい！
いろいろがいいのよね

おうちのかたへ

人間《にんげん》には色《いろ》を感《かん》じる色覚《しきかく》があります。色覚《しきかく》は眼《め》の奥《おく》にある錐体《すいたい》という細胞《さいぼう》が光《ひかり》の波長《はちょう》に反応《はんのう》し、脳《のう》にその信号《しんごう》が送《おく》られ発生《はっせい》します。多《おお》くの人《ひと》は錐体《すいたい》を３種類《しゅるい》もっていますが、錐体《すいたい》の感度《かんど》が多《おお》くの人《ひと》と少《すこ》し違《ちが》ったり、錐体《すいたい》の種類《しゅるい》が２種類《しゅるい》だったりする少数色覚《しょうすうしきかく》の人《ひと》（色覚《しきかく》が少数《しょうすう》派《は》で日本人男性《にほんじんだんせい》の約《やく》２０人《にん》に一人《ひとり》、女性《じょせい》の約《やく》５００人《にん》に一人《ひとり》の割合《わりあい》）もいます。

色覚の分類

色覚の分類				錐体			桿体	日本人男性の出現率	眼科学会の呼称	
				S	M	L				
多数色覚（３色覚）			C型	○	○	○	○	約９５％	正常色覚	
先天少数色覚	先天赤緑少数色覚	少数３色覚	P型	○	○	☆	○	P型合計 約１．５％	色覚異常	１型３色覚
			D型	○	☆	○	○	D型合計 約３．５％		２型３色覚
		２色覚	P型	○	○		○			１型２色覚
			D型	○		○	○			２型２色覚
	２色覚		T型		○	○	○	T型 約０．００１％以下		３型２色覚
	錐体１色覚		A型	○			○	約０．００１％		１色覚
					○		○			
						○	○			
	桿体１色覚						○			

○　＝　機能させている
☆　＝　○とは異なる波長感度をもっている

少数色覚《しょうすうしきかく》は伴性潜性遺伝《はんせいせんせいいでん》という法則《ほうそく》で子孫《しそん》に伝《つた》わります。日本人女《にほんじんじょ》性《せい》の１０人《にん》に一人《ひとり》は少数色覚《しょうすうしきかく》の子《こ》どもが生《う》まれる可能性《かのうせい》のある保因者《ほいんしゃ》です。少数色覚《しょうすうしきかく》はとても多《おお》くの女性《じょせい》にも関係《かんけい》する身近《みぢか》なものです。

これまで、少数色覚《しょうすうしきかく》は多数色覚《たすうしきかく》にくらべて劣《おと》ったものだととらえられることが多《おお》くありました。そのため少数色覚者《しょうすうしきかくしゃ》の受《う》け入《い》れを拒否《きょひ》する学校《がっこう》や職場《しょくば》があるなどの人権問題《じんけんもんだい》があり、残念《ざんねん》ながらそれは今《いま》も一部《いちぶ》残《のこ》されています。「検査《けんさ》で早《はや》く少数色覚者《しょうすうしきかくしゃ》を発見《はっけん》し色《いろ》を使《つか》う仕事《しごと》を避《さ》けさせるべきだ」という考《かんが》えもあります。しかし、少数色覚者《しょうすうしきかくしゃ》を拒否《きょひ》する正当《せいとう》な理由《りゆう》が本当《ほんとう》にあるのでしょうか？

現代《げんだい》、人間《にんげん》は身《み》につける服《ふく》の色《いろ》を選《えら》んだり絵《え》に色《いろ》を塗《ぬ》ったり色《いろ》を自由《じゆう》に使《つか》えるようになりました。多数色覚者《たすうしきかくしゃ》を基準《きじゅん》に決《き》められた色《いろ》の名前《なまえ》は少数色覚者《しょうすうしきかくしゃ》にわかりづらいことも確《たし》かにあり、見分《みわ》けるのが難《むずか》しいこともあります。でも、この冊子《さっし》でその逆《ぎゃく》があることもおわかりいただけると思《おも》います。

少数色覚者《しょうすうしきかくしゃ》は年齢《ねんれい》を重《かさ》ねるにつれ自分《じぶん》の色覚《しきかく》をしだいに理解《りかい》し、どうすればよいかを身《み》につけていきます。全国《ぜんこく》に３２０万人《まんにん》もの少数色覚者《しょうすうしきかくしゃ》がいますが、「困《こま》った」という声《こえ》をほとんど聞《き》くことがないのはそのためです。

最近《さいきん》の研究《けんきゅう》で、人間《にんげん》の色覚《しきかく》は人《ひと》によって大《おお》きく異《こと》なる多様性《たようせい》があること、少数色覚《しょうすうしきかく》には多数色覚《たすうしきかく》にはないすぐれた面《めん》もあることなどが明《あき》らかになりました。また、色覚《しきかく》の違《ちが》いによる社会《しゃかい》の壁《かべ》をなくそうとする「色覚《しきかく》バリアフリー」の取《と》り組《く》みも大《おお》きく広《ひろ》がりつつあります。

色覚《しきかく》だけではありません。人《ひと》にはいろいろな多様性《たようせい》があり一人一人《ひとりひとり》みな違《ちが》います。わたしたちは、それらの違《ちが》いをお互《たが》い認《みと》め合《あ》い、助《たす》け合《あ》える、みんなにやさしい社会《しゃかい》づくりをめざしています。

【おことわり】本冊子《ほんさっし》は人権問題《じんけんもんだい》として色覚《しきかく》を考《かんが》える学習資料《がくしゅうしりょう》です。多《おお》くの人《ひと》と異《こと》なる色覚《しきかく》やそれを有《ゆう》する人《ひと》には社会的少数者《しやかいてきしょうすうしゃ》としての人権問題《じんけんもんだい》があるという考《かんが》え方《かた》から、医学用語《いがくようご》ではなく、特《とく》徴《ちょう》を「少数色覚《しょうすうしきかく》」、人《ひと》を「少数色覚者《しょうすうしきかくしゃ》」と称《しょう》しています。

しきかく学習 カラーメイト

https://color-mate.net/

カラーメイト

製作・著作　しきかく学習カラーメイト（代表　尾家 宏昭）　E-Mail　info@color-mate.net
マンガ　金 孝源＝キム・ヒョウォン（別府大学 文学部 国際言語・文化学科 マンガ・アニメーションコース 専任講師）
脚色協力　田代 しんたろう（別府大学 文学部 国際言語・文化学科 マンガ・アニメーションコース 客員教授）
監修（50音順）
岡部 正隆（東京慈恵会医科大学 解剖学講座 教授、カラーユニバーサルデザイン機構 副理事長）
河村 正二（東京大学 大学院 新領域創成科学研究科 先端生命科学専攻 人類進化システム分野 教授）
齋藤 慈子（武蔵野大学 教育学部 児童教育学科 講師）
高柳 泰世（本郷眼科・神経内科、名古屋市学校医(眼科)会 名誉会長、藤田保健衛生大学医学部公衆衛生学 客員教授）

2017年3月20日初版 2019年6月4日改訂3版 発行

はじめて色《しき》覚《かく》にであう本《ほん》

色《いろ》って　いろいろ

しきかく学習
カラーメイト

市民図書館
わぁ きれいな 金魚《きんぎょ》！
まっ赤《か》だね
ええ？ ちょっと オレンジっぽいよ
でも 魚《さかな》の スイタイ って あんなに 種類《しゅるい》が あるなんて びっくり だよな
え?!
昨日《きのう》教《おそ》わった シキカクの 話《はなし》ね
色《いろ》を 感《かん》じるって 不思議《ふしぎ》 だよな
自分《じぶん》が見《み》ている色《いろ》が 正《ただ》しいと思《おも》っていたけど ほかの人《ひと》や動物《どうぶつ》と 同《おな》じとはかぎらないんだよな

お兄《にい》さんたち何《なに》話《はな》してるの?
スイタイとかシキカクとか色《いろ》がどうとか…
ああ今《いま》大学《だいがく》で勉強《べんきょう》していることだよ
色《いろ》の見《み》え方《かた》の研究《けんきゅう》をしている先生《せんせい》の授業《じゅぎょう》がとてもおもしろいの
談話室《だんわしつ》
色《いろ》を感《かん》じるのは目《め》のおくにあるすいたい（錐体《すいたい》）というセンサーがあるからなのよ
カメラからの信号《しんごう》でテレビに色《いろ》が映《うつ》るように
テレビカメラ
光
光
光
光
信号《しんごう》
ケーブル
神経《しんけい》
いろいろだ
信号
センサーのすいたいで受《う》け取《と》って
色《いろ》は脳《のう》でつくられるのよ

※ゼブラフィッシュ（別名《べつめい》ゼブラダニオ）という体長《たいちょう》5センチほどの魚《さかな》は8種類《しゅるい》のすいたいをもっていることが発見《はっけん》されました

○○ 研究室
おじゃまします
いらっしゃい
ではまず色《いろ》の感《かん》じ方《かた》にちがいがあることを確かめてみようね
それぞれ横《よこ》にならんだ3つ目立《めだ》って見《み》えるのはどれ？
赤
緑
青緑
黄
黄緑
淡い青緑
わたしはどちらもいちばん左《ひだり》が目立《めだ》って見《み》えるわ
ぼくは青緑《あおみどり》が大《おお》きくちがって見《み》えるなぁ
どちらも正解《せいかい》！
多数色覚《たすうしきかく》の人《ひと》は赤が目立《めだ》って見《み》えて少数色覚《しょうすうしきかく》の人《ひと》は青色《あおいろ》が目立《めだ》って見《み》えるとくちょうがあるんだ
同《おな》じ人間《にんげん》でも色《いろ》を見分《みわ》ける感覚《かんかく》にはちがいがあるんだ人数《にんずう》が少《すく》ないからといって少数色覚《しょうすうしきかく》は特別《とくべつ》なことではないんだよ

色《いろ》の見《み》え方《かた》を調《しら》べる検査《けんさ》はないんですか？
こんな検査《けんさ》方法《ほうほう》があるのよけれども…
【仮性同色表《かせいどうしょくひょう》】
色《いろ》のモザイクの中《なか》から数字《すうじ》や記号《きごう》を読《よ》み取《と》ります
【パネルD-15】
15色《しょく》のパネルを色《いろ》の順《じゅん》に並《なら》べます
【アノマロスコープ】
中《なか》の色《いろ》の光《ひかり》をのぞいて判定《はんてい》します
けれども？
検査《けんさ》でわかるのは「ある色《いろ》とほかの色《いろ》を見分《みわ》けられるか」だけで「どのように、見《み》えているか」ではないんだよ
そうかぁ
でもセンサーが2つより3つのほうが色《いろ》を多く見分《みわ》けられますよね
…ということは3色型色覚《しょくがたしきかく》のほうが生活《せいかつ》するのに都合《つごう》がいい！
ふふふそれがそうでもないのよ
人間以外《にんげんいがい》の研究《けんきゅう》からいろいろわかってきてるんだ
たとえばおさるさん

※アメリカ大陸《たいりく》の中央部《ちゅうおうぶ》から南《みなみ》アメリカ大陸《たいりく》までの広《ひろ》い地域《ちいき》のこと

もう一《ひと》つ実験《じっけん》 絵《え》の中《なか》のどの動物《どうぶつ》が 見《み》つけやすい かな？
おさるさんが 木《き》の上《うえ》にいるわ
草《くさ》むらに 2頭《とう》 何《なに》かいるね…
鳥《とり》は1羽《わ》かと 思《おも》ったら…
人《ひと》によって 見《み》つけやすい 動物《どうぶつ》が ちがったり するよね
それぞれの タイプに とくいな色分《いろわ》けが あるという ことですね
実《じつ》はこれまで 少数色覚《しょうすうしきかく》の 人《ひと》について 理解《りかい》されなかったり 誤解《ごかい》からいろいろ おかしなことが 起《お》きてたんだ
病気《びょうき》のように 治《なお》そうとしたり
電流《でんりゅう》を 流《なが》す 治療《ちりょう》を しましょう
病気《びょうき》じゃ ないんだから 治療《ちりょう》なんて おかしいよ

※今《いま》は少数色覚《しょうすうしきかく》のお医者《いしゃ》さんやデザイナーや学校《がっこう》の先生《せんせい》もたくさんいます

白黒《しろくろ》にしか見《み》えないんだろう
色《いろ》のちがいはわかるのにね
自動車《じどうしゃ》の運転《うんてん》はできないだろう
信号《しんごう》がわかれば免許《めんきょ》は持《も》てるよ
わが社《しゃ》には入《はい》れません
わが校《こう》には入学《にゅうがく》できません
※
おかしいよ！どうすれば少数色覚《しょうすうしきかく》の人《ひと》もいっしょに勉強《べんきょう》や仕事《しごと》ができるか考《かんが》えるべきだよ
生《う》まれてくる子《こ》どもが心配《しんぱい》…結婚相手《けっこんあいて》にはちょっと…
少数色覚《しょうすうしきかく》であっても困《こま》ることなんてほとんどないのに
色覚《しきかく》について理解《りかい》されていなかったんだなぁ
色覚《しきかく》のちがいがあっても困《こま》らないようにするにはどうすればいいんだろう

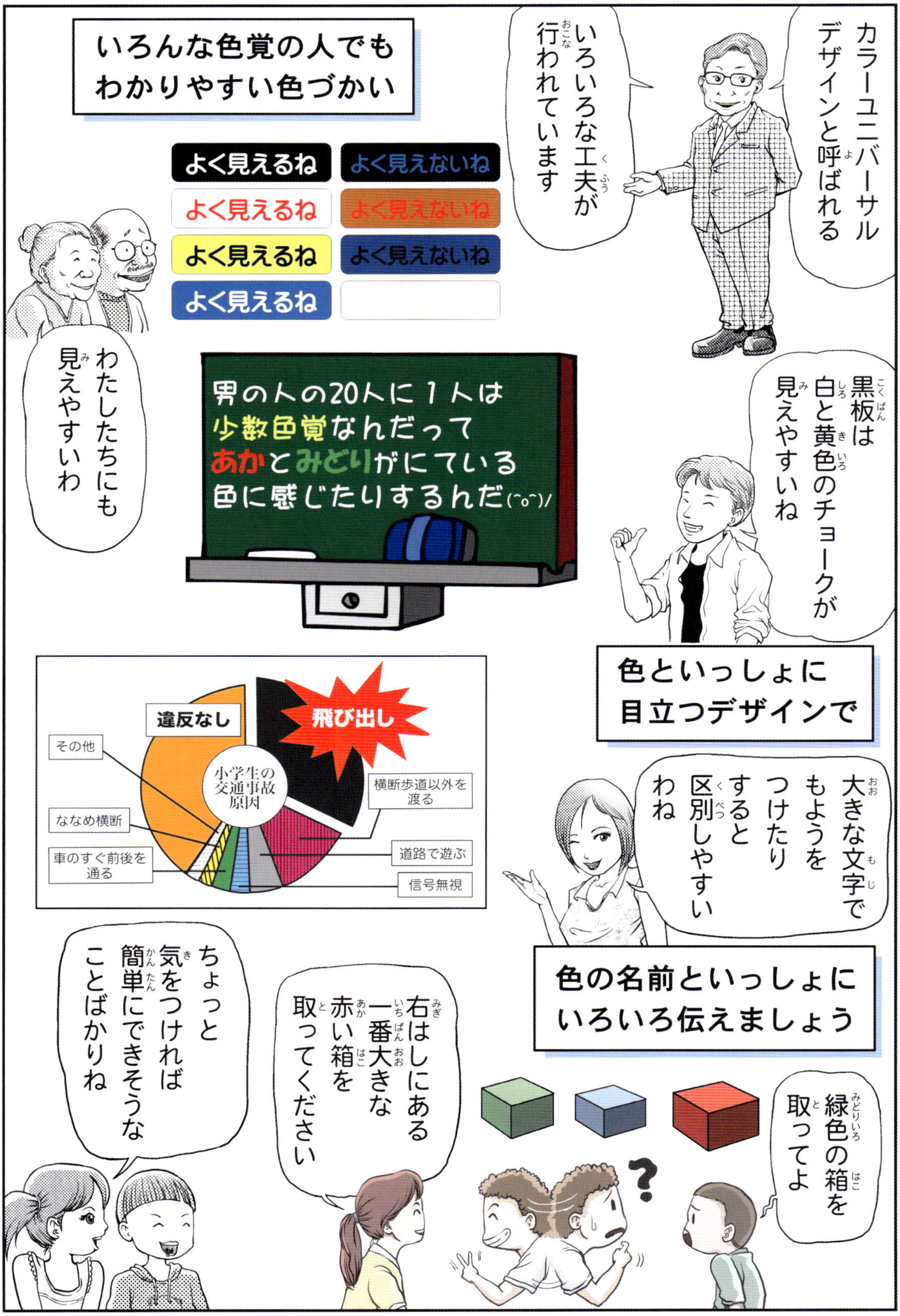
カラーユニバーサルデザインと呼《よ》ばれる
いろいろな工夫《くふう》が行《おこな》われています
いろんな色覚の人でも わかりやすい色づかい
よく見えるね
よく見えないね
よく見えるね
よく見えないね
よく見えるね
よく見えないね
よく見えるね
わたしたちにも見《み》えやすいわ
黒板《こくばん》は白《しろ》と黄色《きいろ》のチョークが見《み》えやすいね
男の人の20人に1人は
少数色覚なんだって
あかとみどりがにている
色に感じたりするんだ(^o^)/
色といっしょに目立つデザインで
大《おお》きな文字《もじ》でもようをつけたりすると区別《くべつ》しやすいわね
小学生の交通事故原因
飛び出し
違反なし
その他
ななめ横断
車のすぐ前後を通る
横断歩道以外を渡る
道路で遊ぶ
信号無視
色の名前といっしょにいろいろ伝えましょう
緑色《みどりいろ》の箱《はこ》を取《と》ってよ
?
右《みぎ》はしにある一番《いちばん》大《おお》きな赤《あか》い箱《はこ》を取《と》ってください
ちょっと気《き》をつければ簡単《かんたん》にできそうなことばかりね

わたしたちの中《なか》にも少数《しょうすう》色覚《しきかく》の人《ひと》がたくさんいるのよね
ぼくたちもいろいろな工夫《くふう》や助《たす》け合《あ》いを心《こころ》がけなきゃいけないね
そうですそういう理解《りかい》が深《ふか》まれば
色覚《しきかく》バリアフリーが実現《じつげん》できるよ
できることから始《はじ》めよう
わたしたちの手《て》で…
いろんな色覚《しきかく》の人《ひと》がともに生《い》きるすばらしさ！色覚《しきかく》だけじゃないねいろんな感《かん》じ方《かた》の人《ひと》がいっしょにいるから楽《たの》しくてすてきな世《よ》の中《なか》なんだ
そのとおりね！
人間《にんげん》っておもしろい！
いろいろがいいのよね

おうちのかたへ

人間《にんげん》には色《いろ》を感《かん》じる色覚《しきかく》があります。色覚《しきかく》は眼《め》の奥《おく》にある錐体《すいたい》という細胞《さいぼう》が光《ひかり》の波長《はちょう》に反応《はんのう》し、脳《のう》にその信号《しんごう》が送《おく》られ発生《はっせい》します。多《おお》くの人《ひと》は錐体《すいたい》を３種類《しゅるい》もっていますが、錐体《すいたい》の感度《かんど》が多《おお》くの人《ひと》と少《すこ》し違《ちが》ったり、錐体《すいたい》の種類《しゅるい》が２種類《しゅるい》だったりする少数色覚《しょうすうしきかく》の人《ひと》（色覚《しきかく》が少数派《しょうすうは》で日本人男性《にほんじんだんせい》の約《やく》２０人《にん》に一人《ひとり》、女性《じょせい》の約《やく》５００人《にん》に一人《ひとり》の割合《わりあい》）もいます。

色覚の分類

				錐体 S	錐体 M	錐体 L	桿体	日本人男性の出現率	眼科学会の呼称	
多数色覚（３色覚）			C型	○	○	○	○	約９５％	正常色覚	
先天少数色覚	先天赤緑少数色覚	少数３色覚	P型	○	○	☆	○	P型合計 約1．5％	色覚異常	1型３色覚
			D型	○	☆	○	○			2型３色覚
		２色覚	P型	○	○		○	D型合計 約3．5％		1型２色覚
			D型	○		○	○			2型２色覚
	２色覚		T型		○	○	○	T型 約0．001％以下		3型２色覚
	錐体１色覚		A型	○			○	約0．001％		１色覚
					○		○			
						○	○			
	桿体１色覚						○			

○　＝　機能させている
☆　＝　○とは異なる波長感度をもっている

少数色覚《しょうすうしきかく》は伴性潜性遺伝《はんせいせんせいいでん》という法則《ほうそく》で子孫《しそん》に伝《つた》わります。日本人女性《にほんじんじょせい》の１０人《にん》に一人《ひとり》は少数色覚《しょうすうしきかく》の子《こ》どもが生《う》まれる可能性《かのうせい》のある保因者《ほいんしゃ》です。少数色覚《しょうすうしきかく》はとても多《おお》くの女性《じょせい》にも関係《かんけい》する身近《みぢか》なものです。

これまで、少数色覚《しょうすうしきかく》は多数色覚《たすうしきかく》にくらべて劣《おと》ったものだととらえられることが多《おお》くありました。そのため少数色覚者《しょうすうしきかくしゃ》の受《う》け入《い》れを拒否《きょひ》する学校《がっこう》や職場《しょくば》があるなどの人権問題《じんけんもんだい》があり、残念《ざんねん》ながらそれは今《いま》も一部残《いちぶのこ》されています。「検査《けんさ》で早《はや》く少数色覚者《しょうすうしきかくしゃ》を発見《はっけん》し色《いろ》を使《つか》う仕事《しごと》を避《さ》けさせるべきだ」という考《かんが》えもあります。しかし、少数色覚者《しょうすうしきかくしゃ》を拒否《きょひ》する正当《せいとう》な理由《りゆう》が本当《ほんとう》にあるのでしょうか？

現代《げんだい》、人間《にんげん》は身《み》につける服《ふく》の色《いろ》を選《えら》んだり絵《え》に色《いろ》を塗《ぬ》ったり色《いろ》を自由《じゆう》に使《つか》えるようになりました。多数色覚者《たすうしきかくしゃ》を基準《きじゅん》に決《き》められた色《いろ》の名前《なまえ》は少数色覚者《しょうすうしきかくしゃ》にわかりづらいことも確《たし》かにあり、見分《みわ》けるのが難《むずか》しいこともあります。でも、この冊子《さっし》でその逆《ぎゃく》があることもおわかりいただけると思《おも》います。

少数色覚者《しょうすうしきかくしゃ》は年齢《ねんれい》を重《かさ》ねるにつれ自分《じぶん》の色覚《しきかく》をしだいに理解《りかい》し、どうすればよいかを身《み》につけていきます。全国《ぜんこく》に３２０万人《まんにん》もの少数色覚者《しょうすうしきかくしゃ》がいますが、「困《こま》った」という声《こえ》をほとんど聞《き》くことがないのはそのためです。

最近《さいきん》の研究《けんきゅう》で、人間《にんげん》の色覚《しきかく》は人《ひと》によって大《おお》きく異《こと》なる多様性《たようせい》があること、少数色覚《しょうすうしきかく》には多数色覚《たすうしきかく》にはないすぐれた面《めん》もあることなどが明《あき》らかになりました。また、色覚《しきかく》の違《ちが》いによる社会《しゃかい》の壁《かべ》をなくそうとする「色覚《しきかく》バリアフリー」の取《と》り組《く》みも大《おお》きく広《ひろ》がりつつあります。

色覚《しきかく》だけではありません。人《ひと》にはいろいろな多様性《たようせい》があり一人一人《ひとりひとり》みな違《ちが》います。わたしたちは、それらの違《ちが》いをお互《たが》い認《みと》め合《あ》い、助《たす》け合《あ》える、みんなにやさしい社会《しゃかい》づくりをめざしています。

【おことわり】本冊子《ほんさっし》は人権問題《じんけんもんだい》として色覚《しきかく》を考《かんが》える学習資料《がくしゅうしりょう》です。多《おお》くの人《ひと》と異《こと》なる色覚《しきかく》やそれを有《ゆう》する人《ひと》には社会的少数者《しゃかいてきしょうすうしゃ》としての人権問題《じんけんもんだい》があるという考《かんが》え方《かた》から、医学用語《いがくようご》ではなく、特徴《とくちょう》を「少数色覚《しょうすうしきかく》」、人《ひと》を「少数色覚者《しょうすうしきかくしゃ》」と称《しょう》しています。

https://color-mate.net/

製作・著作　しきかく学習カラーメイト（代表　尾家 宏昭）　E-Mail　info@color-mate.net
マンガ　金 孝源＝キム・ヒョウォン（別府大学 文学部 国際言語・文化学科 マンガ・アニメーションコース 専任講師）
脚色協力　田代 しんたろう（別府大学 文学部 国際言語・文化学科 マンガ・アニメーションコース 客員教授）
監　修（50音順）
岡部 正隆（東京慈恵会医科大学 解剖学講座 教授、カラーユニバーサルデザイン機構 副理事長）
河村 正二（東京大学 大学院 新領域創成科学研究科 先端生命科学専攻 人類進化システム分野 教授）
齋藤 慈子（武蔵野大学 教育学部 児童教育学科 講師）
高柳 泰世（本郷眼科・神経内科、名古屋市学校医(眼科)会 名誉会長、藤田保健衛生大学医学部公衆衛生学 客員教授）

2017年3月20日初版 2019年6月4日改訂3版 発行

はじめて色《しき》覚《かく》にであう本《ほん》

色《いろ》って　いろいろ

しきかく学習
カラーメイト

市民図書館
わぁ きれいな 金魚《きんぎょ》！
まっ赤《か》だね
ええ？ちょっとオレンジっぽいよ
でも魚《さかな》のスイタイってあんなに種類《しゅるい》があるなんてびっくりだよな
え?!
昨日《きのう》教《おそ》わったシキカクの話《はなし》ね
色《いろ》を感《かん》じるって不思議《ふしぎ》だよな
自分《じぶん》が見《み》ている色《いろ》が正《ただ》しいと思《おも》っていたけどほかの人《ひと》や動物《どうぶつ》と同《おな》じとはかぎらないんだよな

お兄《にい》さんたち何《なに》話《はな》してるの？
スイタイとかシキカクとか色《いろ》がどうとか…
ああ今《いま》大学《だいがく》で勉強《べんきょう》していることだよ
色《いろ》の見《み》え方《かた》の研究《けんきゅう》をしている先生《せんせい》の授業《じゅぎょう》がとてもおもしろいの
談話室《だんわしつ》
色《いろ》を感《かん》じるのは目《め》のおくにあるすいたい（錐体《すいたい》）というセンサーがあるからなのよ
カメラからの信号《しんごう》でテレビに色《いろ》が映《うつ》るように
テレビカメラ
信号《しんごう》
ケーブル
光
光
光
光
いろいろだ
神経《しんけい》
信号
センサーのすいたいで受《う》け取《と》って
色《いろ》は脳《のう》でつくられるのよ

※ゼブラフィッシュ（別名《べつめい》ゼブラダニオ）という体長《たいちょう》5センチほどの魚《さかな》は8種類《しゅるい》のすいたいをもっていることが発見《はっけん》されました

○○ 研究室
おじゃまします
いらっしゃい
ではまず色《いろ》の感《かん》じ方《かた》にちがいがあることを確《たし》かめてみようね
それぞれ横《よこ》にならんだ3つ目立《めだ》って見《み》えるのはどれ？
赤
緑
青緑
黄
黄緑
淡い青緑
わたしはどちらもいちばん左《ひだり》が目立《めだ》って見《み》えるわ
ぼくは青緑《あおみどり》が大《おお》きくちがって見《み》えるなぁ
どちらも正解《せいかい》！
多数色覚《たすうしきかく》の人《ひと》は赤が目立《めだ》って見《み》えて少数色覚《しょうすうしきかく》の人《ひと》は青色《あおいろ》が目立《めだ》って見《み》えるとくちょうがあるんだ
同《おな》じ人間《にんげん》でも色《いろ》を見分《みわ》ける感覚《かんかく》にはちがいがあるんだ人数《にんずう》が少《すく》ないからといって少数色覚《しょうすうしきかく》は特別《とくべつ》なことではないんだよ

色《いろ》の見《み》え方《かた》を調《しら》べる検査《けんさ》はないんですか？
こんな検査《けんさ》方法《ほうほう》があるのよけれども…
【仮性同色表《かせいどうしょくひょう》】
色《いろ》のモザイクの中《なか》から数字《すうじ》や記号《きごう》を読《よ》み取《と》ります
【パネルD-15】
15色《しょく》のパネルを色《いろ》の順《じゅん》に並《なら》べます
【アノマロスコープ】
中《なか》の色《いろ》の光《ひかり》をのぞいて判定《はんてい》します
けれども？
検査《けんさ》でわかるのは「ある色《いろ》とほかの色《いろ》を見分《みわ》けられるか」だけで「どのように見《み》えているか」ではないんだよ
そうかぁ
でもセンサーが2つより3つのほうが色《いろ》を多く見分《みわ》けられますよね
…ということは3色型《しょくがた》色覚《しきかく》のほうが生活《せいかつ》するのに都合《つごう》がいい！
ふふふそれがそうでもないのよ
人間《にんげん》以外《いがい》の研究《けんきゅう》からいろいろわかってきてるんだ
たとえばおさるさん

※アメリカ大陸《たいりく》の中央部《ちゅうおうぶ》から南《みなみ》アメリカ大陸《たいりく》までの広《ひろ》い地域《ちいき》のこと

もう一つ《ひと》実験《じっけん》絵《え》の中《なか》のどの動物《どうぶつ》が見《み》つけやすいかな？
おさるさんが木《き》の上《うえ》にいるわ
草《くさ》むらに2頭《とう》何《なに》かいるね…
鳥《とり》は1羽《わ》かと思《おも》ったら…
人《ひと》によって見《み》つけやすい動物《どうぶつ》がちがったりするよね
それぞれのタイプにとくいな色分《いろわ》けがあるということですね
実《じつ》はこれまで少数色覚《しょうすうしきかく》の人《ひと》について理解《りかい》されなかったり誤解《ごかい》からいろいろおかしなことが起《お》きてたんだ
病気《びょうき》のように治《なお》そうとしたり
電流《でんりゅう》を流《なが》す治療《ちりょう》をしましょう
病気《びょうき》じゃないんだから治療《ちりょう》なんておかしいよ

※今《いま》は少数色覚《しょうすうしきかく》のお医者《いしゃ》さんやデザイナーや学校《がっこう》の先生《せんせい》もたくさんいます

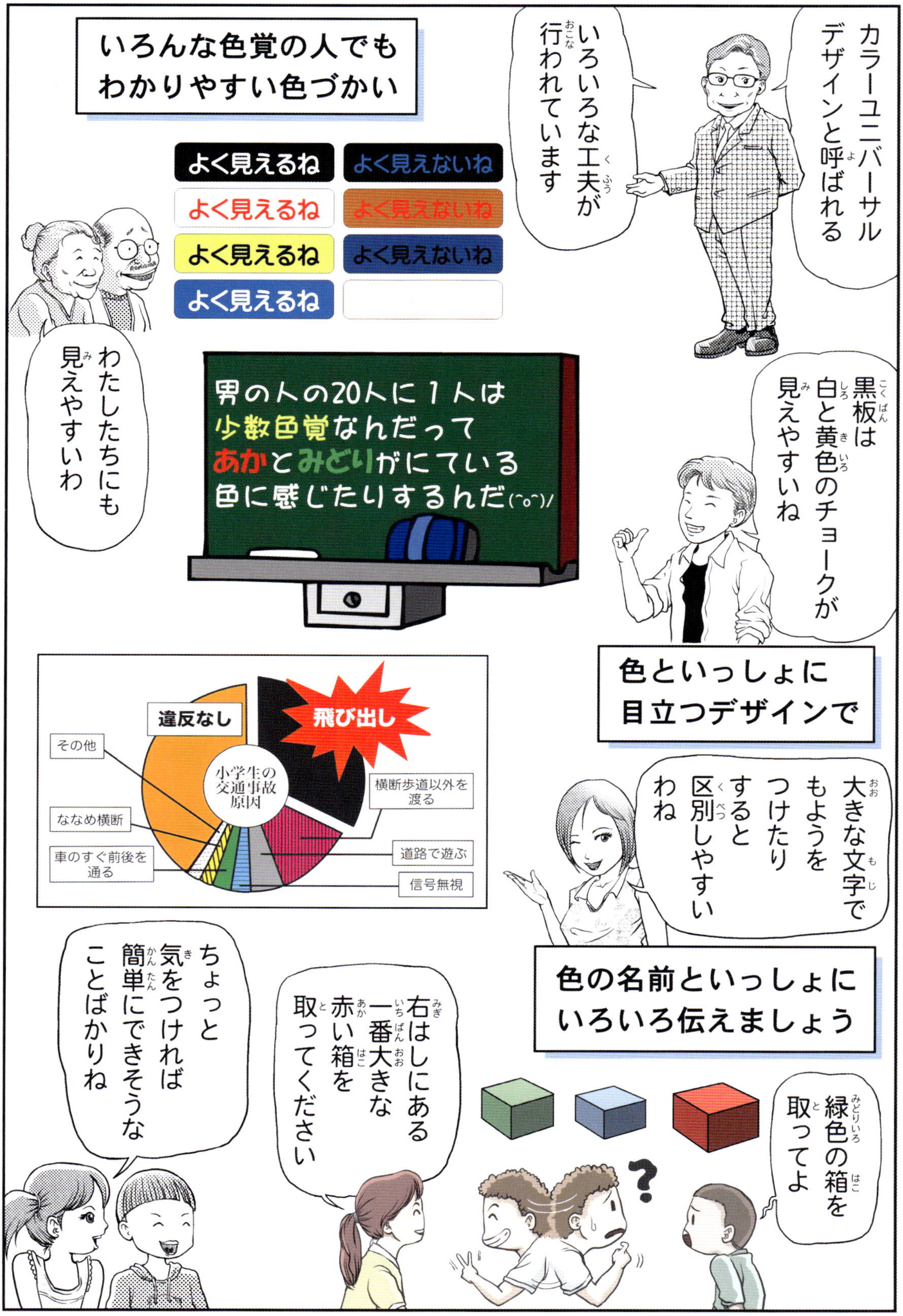

カラーユニバーサルデザインと呼《よ》ばれる
いろいろな工夫《くふう》が行《おこな》われています
いろんな色覚の人でもわかりやすい色づかい
よく見えるね
よく見えないね
よく見えるね
よく見えないね
よく見えるね
よく見えないね
よく見えるね
黒板《こくばん》は白《しろ》と黄色《きいろ》のチョークが見《み》えやすいね
男の人の20人に1人は少数色覚なんだってあかとみどりがにている色に感じたりするんだ(^o^)/
わたしたちにも見《み》えやすいわ
色といっしょに目立つデザインで
大《おお》きな文字《もじ》でもようをつけたりすると区別《くべつ》しやすいわね
違反なし
飛び出し
小学生の交通事故原因
その他
横断歩道以外を渡る
ななめ横断
道路で遊ぶ
車のすぐ前後を通る
信号無視
色の名前といっしょにいろいろ伝えましょう
緑色《みどりいろ》の箱《はこ》を取《と》ってよ
?
右《みぎ》はしにある一番《いちばん》大《おお》きな赤《あか》い箱《はこ》を取《と》ってください
ちょっと気《き》をつければ簡単《かんたん》にできそうなことばかりね

わたしたちの中《なか》にも少数《しょうすう》色覚《しきかく》の人《ひと》がたくさんいるのよね
ぼくたちもいろいろな工夫《くふう》や助《たす》け合《あ》いを心《こころ》がけなきゃいけないね
そうですそういう理解《りかい》が深《ふか》まれば
色覚《しきかく》バリアフリーが実現《じつげん》できるよ
わたしたちの手《て》で…
できることから始《はじ》めよう
いろんな色覚《しきかく》の人《ひと》がともに生《い》きるすばらしさ！色覚《しきかく》だけじゃないねいろんな感《かん》じ方《かた》の人《ひと》がいっしょにいるから楽《たの》しくてすてきな世《よ》の中《なか》なんだ
そのとおりね！
人間《にんげん》っておもしろい！
いろいろがいいのよね

おうちのかたへ

人間《にんげん》には色《いろ》を感《かん》じる色覚《しきかく》があります。色覚《しきかく》は眼《め》の奥《おく》にある錐体《すいたい》という細胞《さいぼう》が光《ひかり》の波長《はちょう》に反応《はんのう》し、脳《のう》にその信号《しんごう》が送《おく》られ発生《はっせい》します。多《おお》くの人《ひと》は錐体《すいたい》を３種類《しゅるい》もっていますが、錐体《すいたい》の感度《かんど》が多《おお》くの人《ひと》と少《すこ》し違《ちが》ったり、錐体《すいたい》の種類《しゅるい》が２種類《しゅるい》だったりする少数色覚《しょうすうしきかく》の人《ひと》（色覚《しきかく》が少数派《しょうすうは》で日本人男性《にほんじんだんせい》の約《やく》２０人《にん》に一人《ひとり》、女性《じょせい》の約《やく》５００人《にん》に一人《ひとり》の割合《わりあい》）もいます。

色覚の分類

				錐体 S	錐体 M	錐体 L	桿体	日本人男性の出現率		眼科学会の呼称
多数色覚（３色覚）			C型	○	○	○	○	約９５％		正常色覚
先天少数色覚	先天赤緑少数色覚	３色覚	P型	○	○	☆	○	P型合計　約１．５％	色覚異常	１型３色覚
			D型	○	☆	○	○			２型３色覚
		２色覚	P型	○	○		○	D型合計　約３．５％		１型２色覚
			D型	○		○	○			２型２色覚
	２色覚		T型		○	○	○	T型　約０．００１％以下		３型２色覚
	錐体１色覚		A型	○			○	約０．００１％		１色覚
					○		○			
						○	○			
	桿体１色覚						○			

○　＝　機能させている
☆　＝　○とは異なる波長感度をもっている

少数色覚《しょうすうしきかく》は伴性潜性遺伝《はんせいせんせいいでん》という法則《ほうそく》で子孫《しそん》に伝《つた》わります。日本人女性《にほんじんじょせい》の１０人《にん》に一人《ひとり》は少数色覚《しょうすうしきかく》の子《こ》どもが生《う》まれる可能性《かのうせい》のある保因者《ほいんしゃ》です。少数色覚《しょうすうしきかく》はとても多《おお》くの女性《じょせい》にも関係《かんけい》する身近《みぢか》なものです。

これまで、少数色覚《しょうすうしきかく》は多数色覚《たすうしきかく》にくらべて劣《おと》ったものだととらえられることが多《おお》くありました。そのため少数色覚者《しょうすうしきかくしゃ》の受《う》け入《い》れを拒否《きょひ》する学校《がっこう》や職場《しょくば》があるなどの人権問題《じんけんもんだい》があり、残念《ざんねん》ながらそれは今《いま》も一部残《いちぶのこ》されています。「検査《けんさ》で早《はや》く少数色覚者《しょうすうしきかくしゃ》を発見《はっけん》し色《いろ》を使《つか》う仕事《しごと》を避《さ》けさせるべきだ」という考《かんが》えもあります。しかし、少数色覚者《しょうすうしきかくしゃ》を拒否《きょひ》する正当《せいとう》な理由《りゆう》が本当《ほんとう》にあるのでしょうか？

現代《げんだい》、人間《にんげん》は身《み》につける服《ふく》の色《いろ》を選《えら》んだり絵《え》に色《いろ》を塗《ぬ》ったり色《いろ》を自由《じゆう》に使《つか》えるようになりました。多数色覚者《たすうしきかくしゃ》を基準《きじゅん》に決《き》められた色《いろ》の名前《なまえ》は少数色覚者《しょうすうしきかくしゃ》にわかりづらいことも確《たし》かにあり、見分《みわ》けるのが難《むずか》しいこともあります。でも、この冊子《さっし》でその逆《ぎゃく》があることもおわかりいただけると思《おも》います。

少数色覚者《しょうすうしきかくしゃ》は年齢《ねんれい》を重《かさ》ねるにつれ自分《じぶん》の色覚《しきかく》をしだいに理解《りかい》し、どうすればよいかを身《み》につけていきます。全国《ぜんこく》に３２０万人《まんにん》もの少数色覚者《しょうすうしきかくしゃ》がいますが、「困《こま》った」という声《こえ》をほとんど聞《き》くことがないのはそのためです。

最近《さいきん》の研究《けんきゅう》で、人間《にんげん》の色覚《しきかく》は人《ひと》によって大《おお》きく異《こと》なる多様性《たようせい》があること、少数色覚《しょうすうしきかく》には多数色覚《たすうしきかく》にはないすぐれた面《めん》もあることなどが明《あき》らかになりました。また、色覚《しきかく》の違《ちが》いによる社会《しゃかい》の壁《かべ》をなくそうとする「色覚《しきかく》バリアフリー」の取《と》り組《く》みも大《おお》きく広《ひろ》がりつつあります。

色覚《しきかく》だけではありません。人《ひと》にはいろいろな多様性《たようせい》があり一人一人《ひとりひとり》みな違《ちが》います。わたしたちは、それらの違《ちが》いをお互《たが》い認《みと》め合《あ》い、助《たす》け合《あ》える、みんなにやさしい社会《しゃかい》づくりをめざしています。

【おことわり】本冊子《ほんさっし》は人権問題《じんけんもんだい》として色覚《しきかく》を考《かんが》える学習資料《がくしゅうしりょう》です。多《おお》くの人《ひと》と異《こと》なる色覚《しきかく》やそれを有《ゆう》する人《ひと》には社会的少数者《しゃかいてきしょうすうしゃ》としての人権問題《じんけんもんだい》があるという考《かんが》え方《かた》から、医学用語《いがくようご》ではなく、特徴《とくちょう》を「少数色覚《しょうすうしきかく》」、人《ひと》を「少数色覚者《しょうすうしきかくしゃ》」と称《しょう》しています。

しきかく学習
カラーメイト
https://color-mate.net/
カラーメイト

製作・著作　しきかく学習カラーメイト　（代表　尾家 宏昭）　E-Mail　info@color-mate.net
マンガ　金 孝源＝キム・ヒョウォン　（別府大学　文学部 国際言語・文化学科 マンガ・アニメーションコース 専任講師）
脚色協力　田代 しんたろう　（別府大学　文学部 国際言語・文化学科 マンガ・アニメーションコース 客員教授）
監修（50音順）　岡部 正隆　（東京慈恵会医科大学 解剖学講座 教授、カラーユニバーサルデザイン機構 副理事長）
河村 正二　（東京大学 大学院 新領域創成科学研究科 先端生命科学専攻 人類進化システム分野 教授）
齋藤 慈子　（武蔵野大学 教育学部 児童教育学科 講師）
高柳 泰世　（本郷眼科・神経内科、名古屋市学校医(眼科)会 名誉会長、藤田保健衛生大学医学部公衆衛生学 客員教授）

2017年3月20日初版 2019年6月4日改訂3版 発行

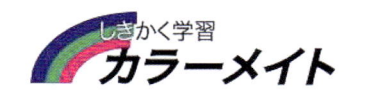

はじめて色覚《しきかく》にであう本《ほん》

色《いろ》って　いろいろ

しきかく学習
カラーメイト

市民図書館
わぁ きれいな 金魚《きんぎょ》！
まっ赤《か》だね
ええ？ ちょっと オレンジっぽいよ
でも 魚《さかな》の スイタイ って あんなに 種類《しゅるい》が あるなんて びっくり だよな
え?!
PUSH
昨日《きのう》教《おそ》わった シキカクの 話《はなし》ね
色《いろ》を 感《かん》じるって 不思議《ふしぎ》 だよな
自分《じぶん》が見《み》ている色《いろ》が 正《ただ》しいと思《おも》っていたけど ほかの人《ひと》や動物《どうぶつ》と 同《おな》じとはかぎらないんだよな

お兄《にい》さんたち何《なに》話《はな》してるの?
スイタイとかシキカクとか色《いろ》がどうとか…
ああ今《いま》大学《だいがく》で勉強《べんきょう》していることだよ
色《いろ》の見《み》え方《かた》の研究《けんきゅう》をしている先生《せんせい》の授業《じゅぎょう》がとてもおもしろいの
談話室《だんわしつ》
色《いろ》を感《かん》じるのは目《め》のおくにあるすいたい（錐体《すいたい》）というセンサーがあるからなのよ
カメラからの信号《しんごう》でテレビに色《いろ》が映《うつ》るように
テレビカメラ
光
光
光
光
信号《しんごう》
ケーブル
いろいろだ
神経《しんけい》
信号
センサーのすいたいで受《う》け取《と》って
色《いろ》は脳《のう》でつくられるのよ

※ゼブラフィッシュ（別名《べつめい》ゼブラダニオ）という体長《たいちょう》5センチほどの魚《さかな》は8種類《しゅるい》のすいたいをもっていることが発見《はっけん》されました

○○ 研究室
おじゃまします
いらっしゃい
ではまず色《いろ》の感《かん》じ方《かた》にちがいがあることを確かめてみようね
それぞれ横《よこ》にならんだ3つ目立《めだ》って見《み》えるのはどれ?
赤
緑
青緑
黄
黄緑
淡い青緑
わたしはどちらもいちばん左《ひだり》が目立《めだ》って見《み》えるわ
ぼくは青緑《あおみどり》が大《おお》きくちがって見《み》えるなぁ
どちらも正解《せいかい》!
多数色覚《たすうしきかく》の人《ひと》は赤が目立《めだ》って見《み》えて少数色覚《しょうすうしきかく》の人《ひと》は青色《あおいろ》が目立《めだ》って見《み》えるとくちょうがあるんだ
同《おな》じ人間《にんげん》でも色《いろ》を見分《みわ》ける感覚《かんかく》にはちがいがあるんだ人数《にんずう》が少《すく》ないからといって少数色覚《しょうすうしきかく》は特別《とくべつ》なことではないんだよ

色《いろ》の見《み》え方《かた》を調《しら》べる検査《けんさ》はないんですか？
こんな検査《けんさ》方法《ほうほう》があるのよけれども…
【仮性同色表《かせいどうしょくひょう》】
色《いろ》のモザイクの中《なか》から数字《すうじ》や記号《きごう》を読《よ》み取《と》ります
【パネルD-15】
15色《しょく》のパネルを色《いろ》の順《じゅん》に並《なら》べます
【アノマロスコープ】
中《なか》の色《いろ》の光《ひかり》をのぞいて判定《はんてい》します
けれども？
検査《けんさ》でわかるのは「ある色《いろ》とほかの色《いろ》を見分《みわ》けられるか」だけで「どのように見《み》えているか」ではないんだよ
そうかぁ
でもセンサーが2つより3つのほうが色《いろ》を多く見分《みわ》けられますよね
…ということは3色型《しょくがた》色覚《しきかく》のほうが生活《せいかつ》するのに都合《つごう》がいい！
ふふふそれがそうでもないのよ
人間《にんげん》以外《いがい》の研究《けんきゅう》からいろいろわかってきてるんだ
たとえばおさるさん

※アメリカ大陸《たいりく》の中央部《ちゅうおうぶ》から南《みなみ》アメリカ大陸《たいりく》までの広《ひろ》い地域《ちいき》のこと

もう一《ひと》つ実験《じっけん》絵《え》の中《なか》のどの動物《どうぶつ》が見《み》つけやすいかな？
おさるさんが木《き》の上《うえ》にいるわ
草《くさ》むらに2頭《とう》何《なに》かいるね…
鳥《とり》は1羽《わ》かと思《おも》ったら…
人《ひと》によって見《み》つけやすい動物《どうぶつ》がちがったりするよね
それぞれのタイプにとくいな色分《いろわ》けがあるということですね
実《じつ》はこれまで少数色覚《しょうすうしきかく》の人《ひと》について理解《りかい》されなかったり誤解《ごかい》からいろいろおかしなことが起《お》きてたんだ
病気《びょうき》のように治《なお》そうとしたり
電流《でんりゅう》を流《なが》す治療《ちりょう》をしましょう
病気《びょうき》じゃないんだから治療《ちりょう》なんておかしいよ

※今《いま》は少数色覚《しょうすうしきかく》のお医者《いしゃ》さんやデザイナーや学校《がっこう》の先生《せんせい》もたくさんいます

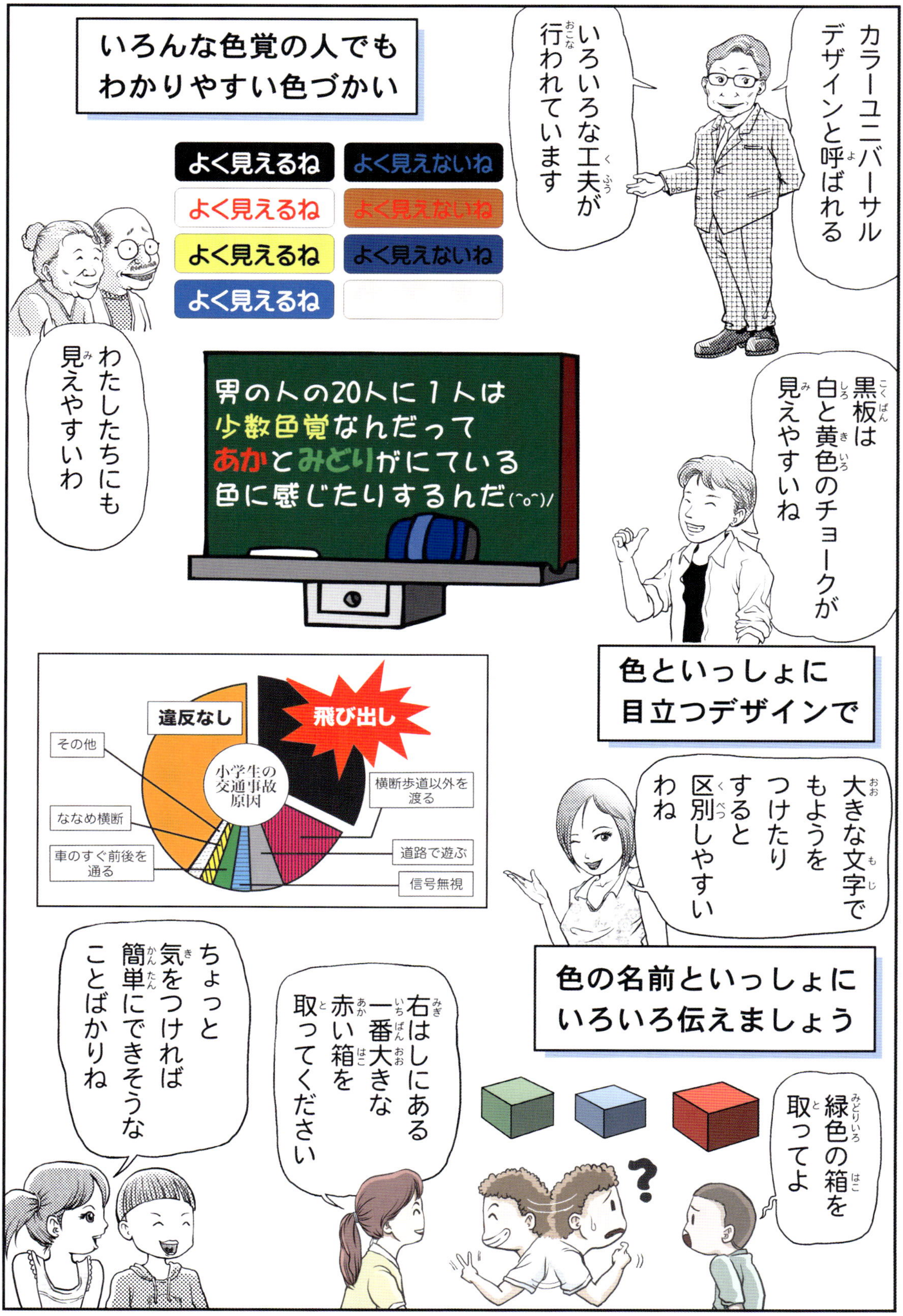
いろんな色覚の人でも
わかりやすい色づかい
カラーユニバーサルデザインと呼《よ》ばれる
いろいろな工夫《くふう》が行《おこな》われています
よく見えるね
よく見えないね
よく見えるね
よく見えないね
よく見えるね
よく見えないね
よく見えるね
わたしたちにも見《み》えやすいわ
黒板《こくばん》は白《しろ》と黄色《きいろ》のチョークが見《み》えやすいね
男の人の20人に1人は
少数色覚なんだって
あかとみどりがにている
色に感じたりするんだ(^o^)/
色といっしょに
目立つデザインで
大《おお》きな文字《もじ》でもようをつけたりすると区別《くべつ》しやすいわね
小学生の交通事故原因
違反なし
飛び出し
その他
ななめ横断
車のすぐ前後を通る
横断歩道以外を渡る
道路で遊ぶ
信号無視
色の名前といっしょに
いろいろ伝えましょう
緑色《みどりいろ》の箱《はこ》を取《と》ってよ
?
右《みぎ》はしにある一番《いちばん》大《おお》きな赤《あか》い箱《はこ》を取《と》ってください
ちょっと気《き》をつければ簡単《かんたん》にできそうなことばかりね

わたしたちの中《なか》にも少数《しょうすう》色覚《しきかく》の人《ひと》がたくさんいるのよね
ぼくたちもいろいろな工夫《くふう》や助《たす》け合《あ》いを心《こころ》がけなきゃいけないね
そうです そういう理解《りかい》が深《ふか》まれば
色覚《しきかく》バリアフリーが実現《じつげん》できるよ
できることから始《はじ》めよう
わたしたちの手《て》で…
いろんな色覚《しきかく》の人《ひと》がともに生《い》きるすばらしさ！色覚《しきかく》だけじゃないね いろんな感《かん》じ方《かた》の人《ひと》がいっしょにいるから楽《たの》しくてすてきな世《よ》の中《なか》なんだ
そのとおりね！
人間《にんげん》っておもしろい！
いろいろがいいのよね

おうちのかたへ

人間《にんげん》には色《いろ》を感《かん》じる色覚《しきかく》があります。色覚《しきかく》は眼《め》の奥《おく》にある錐体《すいたい》という細胞《さいぼう》が光《ひかり》の波長《はちょう》に反応《はんのう》し、脳《のう》にその信号《しんごう》が送《おく》られ発生《はっせい》します。多《おお》くの人《ひと》は錐体《すいたい》を３種類《しゅるい》もっていますが、錐体《すいたい》の感度《かんど》が多《おお》くの人《ひと》と少《すこ》し違《ちが》ったり、錐体《すいたい》の種類《しゅるい》が２種類《しゅるい》だったりする少数色覚《しょうすうしきかく》の人《ひと》（色覚《しきかく》が少数派《しょうすうは》で日本人男性《にほんじんだんせい》の約《やく》２０人《にん》に一人《ひとり》、女性《じょせい》の約《やく》５００人《にん》に一人《ひとり》の割合《わりあい》）もいます。

色覚の分類

色覚の分類			型	錐体 S	錐体 M	錐体 L	桿体	日本人男性の出現率	眼科学会の呼称	
多数色覚（３色覚）			C型	○	○	○	○	約９５％	正常色覚	
先天少数色覚	先天赤緑少数色覚	少数３色覚	P型	○	○	☆	○	P型合計 約１．５％	色覚異常	１型３色覚
			D型	○	☆	○	○			２型３色覚
		２色覚	P型	○	○		○	D型合計 約３．５％		１型２色覚
			D型	○		○	○			２型２色覚
	２色覚		T型		○	○	○	T型 約０．００１％以下		３型２色覚
	錐体１色覚		A型	○			○	約０．００１％		１色覚
					○		○			
						○	○			
	桿体１色覚						○			

○　＝　機能させている
☆　＝　○とは異なる波長感度をもっている

少数色覚《しょうすうしきかく》は伴性潜性遺伝《はんせいせんせいいでん》という法則《ほうそく》で子孫《しそん》に伝《つた》わります。日本人女性《にほんじんじょせい》の１０人《にん》に一人《ひとり》は少数色覚《しょうすうしきかく》の子《こ》どもが生《う》まれる可能性《かのうせい》のある保因者《ほいんしゃ》です。少数色覚《しょうすうしきかく》はとても多《おお》くの女性《じょせい》にも関係《かんけい》する身近《みぢか》なものです。

これまで、少数色覚《しょうすうしきかく》は多数色覚《たすうしきかく》にくらべて劣《おと》ったものだととらえられることが多《おお》くありました。そのため少数色覚者《しょうすうしきかくしゃ》の受《う》け入《い》れを拒否《きょひ》する学校《がっこう》や職場《しょくば》があるなどの人権問題《じんけんもんだい》があり、残念《ざんねん》ながらそれは今《いま》も一部残《いちぶのこ》されています。「検査《けんさ》で早《はや》く少数色覚者《しょうすうしきかくしゃ》を発見《はっけん》し色《いろ》を使《つか》う仕事《しごと》を避《さ》けさせるべきだ」という考《かんが》えもあります。しかし、少数色覚者《しょうすうしきかくしゃ》を拒否《きょひ》する正当《せいとう》な理由《りゆう》が本当《ほんとう》にあるのでしょうか？

現代《げんだい》、人間《にんげん》は身《み》につける服《ふく》の色《いろ》を選《えら》んだり絵《え》に色《いろ》を塗《ぬ》ったり色《いろ》を自由《じゆう》に使《つか》えるようになりました。多数色覚者《たすうしきかくしゃ》を基準《きじゅん》に決《き》められた色《いろ》の名前《なまえ》は少数色覚者《しょうすうしきかくしゃ》にわかりづらいことも確《たし》かにあり、見分《みわ》けるのが難《むずか》しいこともあります。でも、この冊子《さっし》でその逆《ぎゃく》があることもおわかりいただけると思《おも》います。

少数色覚者《しょうすうしきかくしゃ》は年齢《ねんれい》を重《かさ》ねるにつれ自分《じぶん》の色覚《しきかく》をしだいに理解《りかい》し、どうすればよいかを身《み》につけていきます。全国《ぜんこく》に３２０万人《まんにん》もの少数色覚者《しょうすうしきかくしゃ》がいますが、「困《こま》った」という声《こえ》をほとんど聞《き》くことがないのはそのためです。

最近《さいきん》の研究《けんきゅう》で、人間《にんげん》の色覚《しきかく》は人《ひと》によって大《おお》きく異《こと》なる多様性《たようせい》があること、少数色覚《しょうすうしきかく》には多数色覚《たすうしきかく》にはないすぐれた面《めん》もあることなどが明《あき》らかになりました。また、色覚《しきかく》の違《ちが》いによる社会《しゃかい》の壁《かべ》をなくそうとする「色覚《しきかく》バリアフリー」の取《と》り組《く》みも大《おお》きく広《ひろ》がりつつあります。

色覚《しきかく》だけではありません。人《ひと》にはいろいろな多様性《たようせい》があり一人一人《ひとりひとり》みな違《ちが》います。わたしたちは、それらの違《ちが》いをお互《たが》い認《みと》め合《あ》い、助《たす》け合《あ》える、みんなにやさしい社会《しゃかい》づくりをめざしています。

【おことわり】本冊子《ほんさっし》は人権問題《じんけんもんだい》として色覚《しきかく》を考《かんが》える学習資料《がくしゅうしりょう》です。多《おお》くの人《ひと》と異《こと》なる色覚《しきかく》やそれを有《ゆう》する人《ひと》には社会的少数者《しやかいてきしょうすうしゃ》としての人権問題《じんけんもんだい》があるという考《かんが》え方《かた》から、医学用語《いがくようご》ではなく、特徴《とくちょう》を「少数色覚《しょうすうしきかく》」、人《ひと》を「少数色覚者《しょうすうしきかくしゃ》」と称《しょう》しています。

しきかく学習
カラーメイト
https://color-mate.net/

製作・著作　しきかく学習カラーメイト　（代表　尾家 宏昭）　E-Mail　info@color-mate.net
マ ン ガ　金 孝源＝キム・ヒョウォン　（別府大学 文学部 国際言語・文化学科 マンガ・アニメーションコース 専任講師）
脚色協力　田代 しんたろう　（別府大学 文学部 国際言語・文化学科 マンガ・アニメーションコース 客員教授）
監　修　岡部 正隆　（東京慈恵会医科大学 解剖学講座 教授、カラーユニバーサルデザイン機構 副理事長）
（50音順）　河村 正二　（東京大学 大学院 新領域創成科学研究科 先端生命科学専攻 人類進化システム分野 教授）
齋藤 慈子　（武蔵野大学 教育学部 児童教育学科 講師）
高柳 泰世　（本郷眼科・神経内科、名古屋市学校医(眼科)会 名誉会長、藤田保健衛生大学医学部公衆衛生学 客員教授）

2017年3月20日初版 2019年6月4日改訂3版 発行

はじめて色《しき》覚《かく》にであう本《ほん》

色《いろ》って　いろいろ

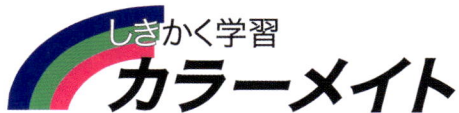

しきかく学習
カラーメイト

市民図書館
わぁ きれいな 金魚《きんぎょ》!
まっ赤《か》だね
ええ? ちょっとオレンジっぽいよ
でも魚《さかな》のスイタイってあんなに種類《しゅるい》があるなんてびっくりだよな
え?!
昨日《きのう》教《おそ》わったシキカクの話《はなし》ね
色《いろ》を感《かん》じるって不思議《ふしぎ》だよな
自分《じぶん》が見《み》ている色《いろ》が正《ただ》しいと思《おも》っていたけどほかの人《ひと》や動物《どうぶつ》と同《おな》じとはかぎらないんだよな

お兄《にい》さんたち
何《なに》話《はな》してるの？
スイタイとか
シキカクとか
色《いろ》がどうとか…
ああ
今《いま》大学《だいがく》で
勉強《べんきょう》している
ことだよ
色《いろ》の見《み》え方《かた》の
研究《けんきゅう》をしている
先生《せんせい》の授業《じゅぎょう》が
とてもおもしろいの
談話室《だんわしつ》
色《いろ》を感《かん》じるのは
目《め》のおくにある
すいたい（錐体《すいたい》）
というセンサーが
あるからなのよ
カメラ
からの
信号《しんごう》で
テレビに
色《いろ》が映《うつ》る
ように
テレビカメラ
光
光
光
光
信号《しんごう》
ケーブル
神経《しんけい》
いろいろだ
信号
センサーの
すいたいで受《う》け取《と》って
色《いろ》は
脳《のう》で
つくられ
るのよ

※ゼブラフィッシュ（別名《べつめい》ゼブラダニオ）という体長《たいちょう》5センチほどの魚《さかな》は8種類《しゅるい》のすいたいをもっていることが発見《はっけん》されました

○○ 研究室
おじゃまします
いらっしゃい
ではまず色《いろ》の感《かん》じ方《かた》にちがいがあることを確かめてみようね
赤
緑
青緑
黄
黄緑
淡い青緑
それぞれ横《よこ》にならんだ3つ目立《めだ》って見《み》えるのはどれ?
わたしはどちらもいちばん左《ひだり》が目立《めだ》って見《み》えるわ
ぼくは青緑《あおみどり》が大《おお》きくちがって見《み》えるなぁ
どちらも正解《せいかい》!
多数色覚《たすうしきかく》の人《ひと》は赤が目立《めだ》って見《み》えて少数色覚《しょうすうしきかく》の人《ひと》は青色《あおいろ》が目立《めだ》って見《み》えるとくちょうがあるんだ
同《おな》じ人間《にんげん》でも色《いろ》を見分《みわ》ける感覚《かんかく》にはちがいがあるんだ人数《にんずう》が少《すく》ないからといって少数色覚《しょうすうしきかく》は特別《とくべつ》なことではないんだよ

色《いろ》の見《み》え方《かた》を調《しら》べる検査《けんさ》はないんですか？
こんな検査《けんさ》方法《ほうほう》があるのよけれども…
【仮性同色表《かせいどうしょくひょう》】
色《いろ》のモザイクの中《なか》から数字《すうじ》や記号《きごう》を読《よ》み取《と》ります
【パネルD-15】
15色《しょく》のパネルを色《いろ》の順《じゅん》に並《なら》べます
【アノマロスコープ】
中《なか》の色《いろ》の光《ひかり》をのぞいて判定《はんてい》します
けれども？
検査《けんさ》でわかるのは「ある色《いろ》とほかの色《いろ》を見分《みわ》けられるか」だけで「どのように、見《み》えているか」ではないんだよ
そうかぁ
でもセンサーが2つより3つのほうが色《いろ》を多く見分《みわ》けられますよね
…ということは3色型《しょくがた》色覚《しきかく》のほうが生活《せいかつ》するのに都合《つごう》がいい！
ふふふそれがそうでもないのよ
人間《にんげん》以外《いがい》の研究《けんきゅう》からいろいろわかってきてるんだ
たとえばおさるさん

※アメリカ大陸《たいりく》の中央部《ちゅうおうぶ》から南《みなみ》アメリカ大陸《たいりく》までの広《ひろ》い地域《ちいき》のこと

もう一《ひと》つ実験《じっけん》
絵《え》の中《なか》のどの動物《どうぶつ》が
見《み》つけやすい
かな？
おさるさんが
木《き》の上《うえ》にいるわ
草《くさ》むらに
2頭《とう》
何《なに》かいるね…
鳥《とり》は1羽《わ》かと
思《おも》ったら…
人《ひと》によって
見《み》つけやすい
動物《どうぶつ》が
ちがったり
するよね
それぞれの
タイプに
とくいな色分《いろわ》けが
あるという
ことですね
実《じつ》はこれまで
少数色覚《しょうすうしきかく》の
人《ひと》について
理解《りかい》されなかったり
誤解《ごかい》からいろいろ
おかしなことが
起《お》きてたんだ
病気《びょうき》のように
治《なお》そうとしたり
電流《でんりゅう》を
流《なが》す
治療《ちりょう》を
しましょう
病気《びょうき》じゃ
ないんだから
治療《ちりょう》なんて
おかしいよ

※今《いま》は少数色覚《しょうすうしきかく》のお医者《いしゃ》さんやデザイナーや学校《がっこう》の先生《せんせい》もたくさんいます

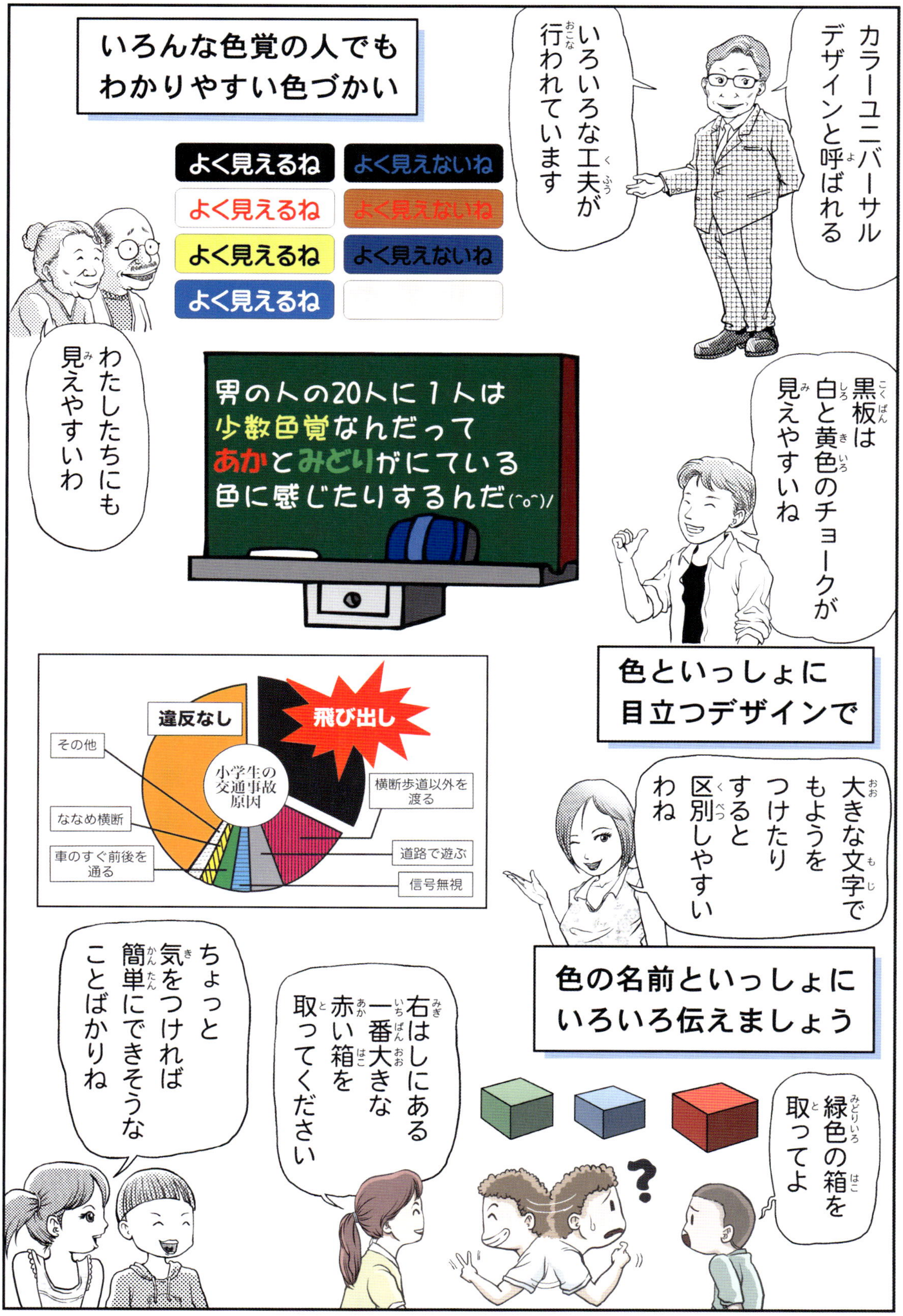
カラーユニバーサルデザインと呼《よ》ばれる
いろいろな工夫《くふう》が行《おこな》われています
いろんな色覚の人でもわかりやすい色づかい
よく見えるね
よく見えないね
よく見えるね
よく見えないね
よく見えるね
よく見えないね
よく見えるね
わたしたちにも見《み》えやすいわ
黒板《こくばん》は白《しろ》と黄色《きいろ》のチョークが見《み》えやすいね
男の人の20人に1人は少数色覚なんだってあかとみどりがにている色に感じたりするんだ(˘o˘)/
色といっしょに目立つデザインで
大《おお》きな文字《もじ》でもようをつけたりすると区別《くべつ》しやすいわね
違反なし
飛び出し
その他
小学生の交通事故原因
横断歩道以外を渡る
ななめ横断
道路で遊ぶ
車のすぐ前後を通る
信号無視
色の名前といっしょにいろいろ伝えましょう
緑色《みどりいろ》の箱《はこ》を取《と》ってよ
?
右《みぎ》はしにある一番《いちばん》大《おお》きな赤《あか》い箱《はこ》を取《と》ってください
ちょっと気《き》をつければ簡単《かんたん》にできそうなことばかりね

わたしたちの中《なか》にも少数《しょうすう》色覚《しきかく》の人《ひと》がたくさんいるのよね
ぼくたちもいろいろな工夫《くふう》や助《たす》け合《あ》いを心《こころ》がけなきゃいけないね
そうですそういう理解《りかい》が深《ふか》まれば
色覚《しきかく》バリアフリーが実現《じつげん》できるよ
できることから始《はじ》めよう
わたしたちの手《て》で…
いろんな色覚《しきかく》の人《ひと》がともに生《い》きるすばらしさ！色覚《しきかく》だけじゃないねいろんな感《かん》じ方《かた》の人《ひと》がいっしょにいるから楽《たの》しくてすてきな世《よ》の中《なか》なんだ
そのとおりね！
人間《にんげん》っておもしろい！
いろいろがいいのよね

おうちのかたへ

人間《にんげん》には色《いろ》を感《かん》じる色覚《しきかく》があります。色覚《しきかく》は眼《め》の奥《おく》にある錐体《すいたい》という細胞《さいぼう》が光《ひかり》の波長《はちょう》に反応《はんのう》し、脳《のう》にその信号《しんごう》が送《おく》られ発生《はっせい》します。多《おお》くの人《ひと》は錐体《すいたい》を３種類《しゅるい》もっていますが、錐体《すいたい》の感度《かんど》が多《おお》くの人《ひと》と少《すこ》し違《ちが》ったり、錐体《すいたい》の種類《しゅるい》が２種類《しゅるい》だったりする少数色覚《しょうすうしきかく》の人《ひと》（色覚《しきかく》が少数派《しょうすうは》で日本人男性《にほんじんだんせい》の約《やく》２０人《にん》に一人《ひとり》、女性《じょせい》の約《やく》５００人《にん》に一人《ひとり》の割合《わりあい》）もいます。

色覚の分類

				錐体 S	錐体 M	錐体 L	桿体	日本人男性の出現率	眼科学会の呼称	
多数色覚（3色覚）			C型	○	○	○	○	約95％	正常色覚	
先天少数色覚	先天赤緑少数色覚	少数3色覚	P型	○	○	☆	○	P型合計　約1．5％	色覚異常	1型3色覚
			D型	○	☆	○	○			2型3色覚
		2色覚	P型	○	○		○	D型合計　約3．5％		1型2色覚
			D型	○		○	○			2型2色覚
	2色覚		T型		○	○	○	T型　約0．001％以下		3型2色覚
	錐体1色覚		A型	○			○	約0．001％		1色覚
					○		○			
						○	○			
	桿体1色覚						○			

○　＝　機能させている
☆　＝　○とは異なる波長感度をもっている

少数色覚《しょうすうしきかく》は伴性潜性遺伝《はんせいせんせいいでん》という法則《ほうそく》で子孫《しそん》に伝《つた》わります。日本人女《にほんじんじょ》性《せい》の１０人《にん》に一人《ひとり》は少数色覚《しょうすうしきかく》の子《こ》どもが生《う》まれる可能性《かのうせい》のある保因者《ほいんしゃ》です。少数色覚《しょうすうしきかく》はとても多《おお》くの女性《じょせい》にも関係《かんけい》する身近《みぢか》なものです。

これまで、少数色覚《しょうすうしきかく》は多数色覚《たすうしきかく》にくらべて劣《おと》ったものだととらえられることが多《おお》くありました。そのため少数色覚者《しょうすうしきかくしゃ》の受《う》け入《い》れを拒否《きょひ》する学校《がっこう》や職場《しょくば》があるなどの人権問題《じんけんもんだい》があり、残念《ざんねん》ながらそれは今《いま》も一部残《いちぶのこ》されています。「検査《けんさ》で早《はや》く少数色覚者《しょうすうしきかくしゃ》を発見《はっけん》し色《いろ》を使《つか》う仕事《しごと》を避《さ》けさせるべきだ」という考《かんが》えもあります。しかし、少数色覚者《しょうすうしきかくしゃ》を拒否《きょひ》する正当《せいとう》な理由《りゆう》が本当《ほんとう》にあるのでしょうか？

現代《げんだい》、人間《にんげん》は身《み》につける服《ふく》の色《いろ》を選《えら》んだり絵《え》に色《いろ》を塗《ぬ》ったり色《いろ》を自由《じゆう》に使《つか》えるようになりました。多数色覚者《たすうしきかくしゃ》を基準《きじゅん》に決《き》められた色《いろ》の名前《なまえ》は少数色覚者《しょうすうしきかくしゃ》にわかりづらいことも確《たし》かにあり、見分《みわ》けるのが難《むずか》しいこともあります。でも、この冊子《さっし》でその逆《ぎゃく》があることもおわかりいただけると思《おも》います。

少数色覚者《しょうすうしきかくしゃ》は年齢《ねんれい》を重《かさ》ねるにつれ自分《じぶん》の色覚《しきかく》をしだいに理解《りかい》し、どうすればよいかを身《み》につけていきます。全国《ぜんこく》に３２０万人《まんにん》もの少数色覚者《しょうすうしきかくしゃ》がいますが、「困《こま》った」という声《こえ》をほとんど聞《き》くことがないのはそのためです。

最近《さいきん》の研究《けんきゅう》で、人間《にんげん》の色覚《しきかく》は人《ひと》によって大《おお》きく異《こと》なる多様性《たようせい》があること、少数色覚《しょうすうしきかく》には多数色覚《たすうしきかく》にはないすぐれた面《めん》もあることなどが明《あき》らかになりました。また、色覚《しきかく》の違《ちが》いによる社会《しゃかい》の壁《かべ》をなくそうとする「色覚《しきかく》バリアフリー」の取《と》り組《く》みも大《おお》きく広《ひろ》がりつつあります。

色覚《しきかく》だけではありません。人《ひと》にはいろいろな多様性《たようせい》があり一人一人《ひとりひとり》みな違《ちが》います。わたしたちは、それらの違《ちが》いをお互《たが》い認《みと》め合《あ》い、助《たす》け合《あ》える、みんなにやさしい社会《しゃかい》づくりをめざしています。

【おことわり】本冊子《ほんさっし》は人権問題《じんけんもんだい》として色覚《しきかく》を考《かんが》える学習資料《がくしゅうしりょう》です。多《おお》くの人《ひと》と異《こと》なる色覚《しきかく》やそれを有《ゆう》する人《ひと》には社会的少数者《しゃかいてきしょうすうしゃ》としての人権問題《じんけんもんだい》があるという考《かんが》え方《かた》から、医学用語《いがくようご》ではなく、特徴《とくちょう》を「少数色覚《しょうすうしきかく》」、人《ひと》を「少数色覚者《しょうすうしきかくしゃ》」と称《しょう》しています。

しきかく学習
カラーメイト
https://color-mate.net/

製作・著作　しきかく学習カラーメイト　（代表　尾家 宏昭）　E-Mail　info@color-mate.net
マンガ　金 孝源＝キム・ヒョウォン　（別府大学 文学部 国際言語・文化学科 マンガ・アニメーションコース 専任講師）
脚色協力　田代 しんたろう　（別府大学 文学部 国際言語・文化学科 マンガ・アニメーションコース 客員教授）
監修（50音順）　岡部 正隆　（東京慈恵会医科大学 解剖学講座 教授、カラーユニバーサルデザイン機構 副理事長）
河村 正二　（東京大学 大学院 新領域創成科学研究科 先端生命科学専攻 人類進化システム分野 教授）
齋藤 慈子　（武蔵野大学 教育学部 児童教育学科 講師）
高柳 泰世　（本郷眼科・神経内科、名古屋市学校医(眼科)会 名誉会長、藤田保健衛生大学医学部公衆衛生学 客員教授）

2017年3月20日初版 2019年6月4日改訂3版 発行

はじめて色《しき》覚《かく》にであう本《ほん》

色《いろ》って　いろいろ

しきかく学習
カラーメイト

市民図書館
わぁ きれいな 金魚《きんぎょ》！
まっ赤《か》だね
ええ？ ちょっと オレンジっぽいよ
でも 魚《さかな》の スイタイ って あんなに 種類《しゅるい》が あるなんて びっくり だよな
え?!
昨日《きのう》教《おそ》わった シキカクの 話《はなし》ね
色《いろ》を 感《かん》じるって 不思議《ふしぎ》 だよな
自分《じぶん》が見《み》ている色《いろ》が 正《ただ》しいと思《おも》っていたけど ほかの人《ひと》や動物《どうぶつ》と 同《おな》じとはかぎらないんだよな

お兄《にい》さんたち
何《なに》話《はな》してるの？
スイタイとかシキカクとか色《いろ》がどうとか…
ああ 今《いま》大《だい》学《がく》で勉《べん》強《きょう》していることだよ
色《いろ》の見《み》え方《かた》の研《けん》究《きゅう》をしている先《せん》生《せい》の授《じゅ》業《ぎょう》がとてもおもしろいの
談《だん》話《わ》室《しつ》
色《いろ》を感《かん》じるのは目《め》のおくにあるすいたい（錐《すい》体《たい》）というセンサーがあるからなのよ
カメラからの信《しん》号《ごう》でテレビに色《いろ》が映《うつ》るように
テレビカメラ
光
光
光
光
信《しん》号《ごう》
ケーブル
神《しん》経《けい》
いろいろだ
信号
センサーのすいたいで受《う》け取《と》って
色《いろ》は脳《のう》でつくられるのよ

※ゼブラフィッシュ（別名《べつめい》ゼブラダニオ）という体長《たいちょう》5センチほどの魚《さかな》は8種類《しゅるい》のすいたいをもっていることが発見《はっけん》されました

〇〇 研究室
おじゃまします
いらっしゃい
ではまず色《いろ》の感《かん》じ方《かた》にちがいがあることを確かめてみようね
それぞれ横《よこ》にならんだ3つ目立《めだ》って見《み》えるのはどれ？
赤
緑
青緑
黄
黄緑
淡い青緑
わたしはどちらもいちばん左《ひだり》が目立《めだ》って見《み》えるわ
ぼくは青緑《あおみどり》が大《おお》きくちがって見《み》えるなぁ
どちらも正解《せいかい》！
多数色覚《たすうしきかく》の人《ひと》は赤が目立《めだ》って見《み》えて少数色覚《しょうすうしきかく》の人《ひと》は青色《あおいろ》が目立《めだ》って見《み》えるとくちょうがあるんだ
同《おな》じ人間《にんげん》でも色《いろ》を見分《みわ》ける感覚《かんかく》にはちがいがあるんだ人数《にんずう》が少《すく》ないからといって少数色覚《しょうすうしきかく》は特別《とくべつ》なことではないんだよ

色《いろ》の見《み》え方《かた》を調《しら》べる検査《けんさ》はないんですか？
こんな検査《けんさ》方法《ほうほう》があるのよけれども…
【仮性同色表《かせいどうしょくひょう》】
色《いろ》のモザイクの中《なか》から数字《すうじ》や記号《きごう》を読《よ》み取《と》ります
【パネルD-15】
15色《しょく》のパネルを色《いろ》の順《じゅん》に並《なら》べます
【アノマロスコープ】
中《なか》の色《いろ》の光《ひかり》をのぞいて判定《はんてい》します
けれども？
検査《けんさ》でわかるのは「ある色《いろ》とほかの色《いろ》を見分《みわ》けられるか」だけで「どのように見《み》えているか」ではないんだよ
そうかぁ
でもセンサーが2つより3つのほうが色《いろ》を多く見分《みわ》けられますよね
…ということは3色型色覚《しょくがたしきかく》のほうが生活《せいかつ》するのに都合《つごう》がいい！
ふふふそれがそうでもないのよ
人間以外《にんげんいがい》の研究《けんきゅう》からいろいろわかってきてるんだ
たとえばおさるさん

※アメリカ大陸《たいりく》の中央部《ちゅうおうぶ》から南《みなみ》アメリカ大陸《たいりく》までの広《ひろ》い地域《ちいき》のこと

もう一つ《ひと》実験《じっけん》絵《え》の中《なか》のどの動物《どうぶつ》が見《み》つけやすいかな？
おさるさんが木《き》の上《うえ》にいるわ
草《くさ》むらに2頭《とう》何《なに》かいるね…
鳥《とり》は1羽《わ》かと思《おも》ったら…
人《ひと》によって見《み》つけやすい動物《どうぶつ》がちがったりするよね
それぞれのタイプにとくいな色分《いろわ》けがあるということですね
実《じつ》はこれまで少数色覚《しょうすうしきかく》の人《ひと》について理解《りかい》されなかったり誤解《ごかい》からいろいろおかしなことが起《お》きてたんだ
病気《びょうき》のように治《なお》そうとしたり
電流《でんりゅう》を流《なが》す治療《ちりょう》をしましょう
病気《びょうき》じゃないんだから治療《ちりょう》なんておかしいよ

※今《いま》は少数色覚《しょうすうしきかく》のお医者《いしゃ》さんやデザイナーや学校《がっこう》の先生《せんせい》もたくさんいます

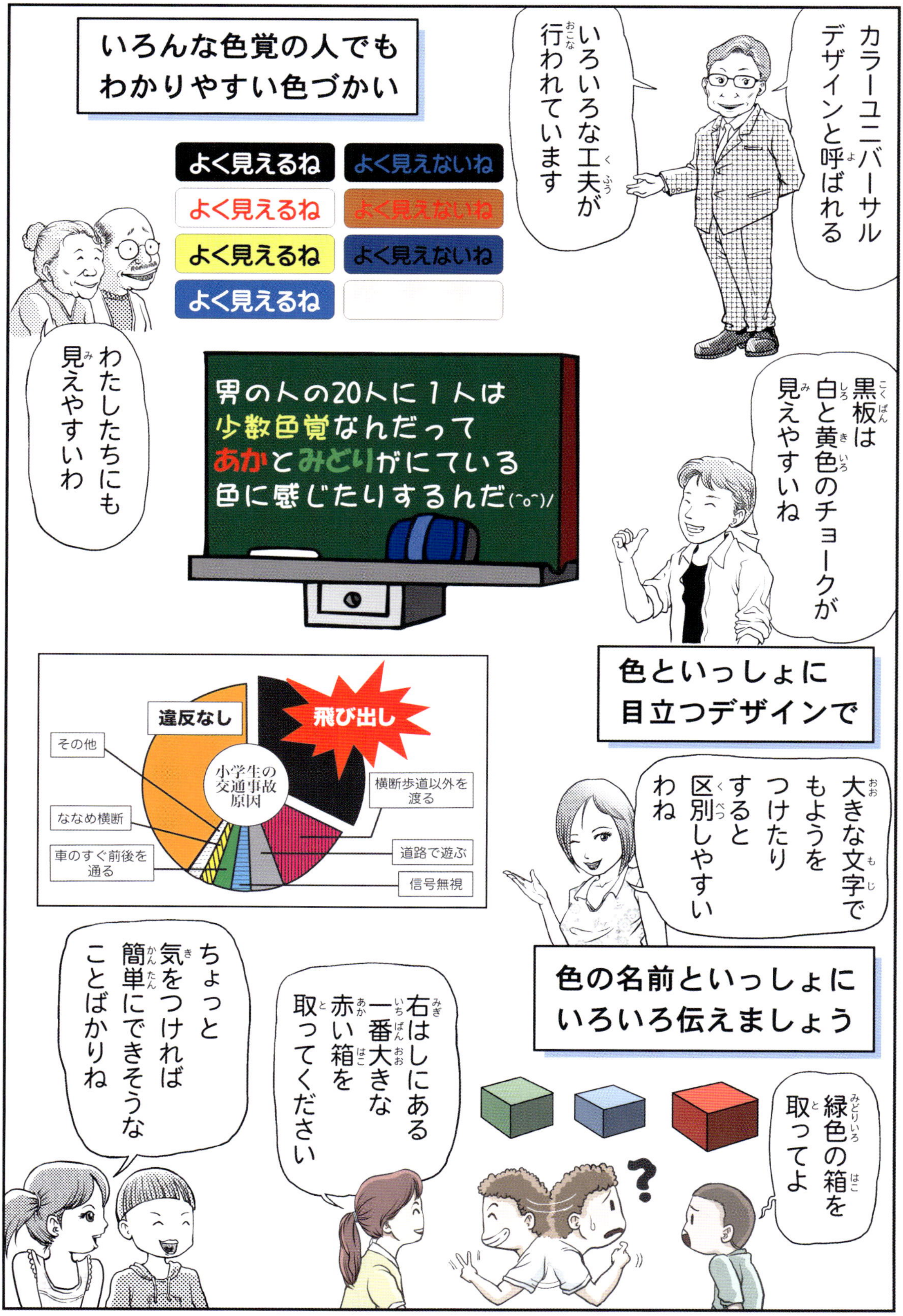

カラーユニバーサルデザインと呼《よ》ばれる
いろいろな工夫《くふう》が行《おこな》われています
いろんな色覚の人でもわかりやすい色づかい
よく見えるね
よく見えないね
よく見えるね
よく見えないね
よく見えるね
よく見えないね
よく見えるね
わたしたちにも見《み》えやすいわ
黒板《こくばん》は白《しろ》と黄色《きいろ》のチョークが見《み》えやすいね
男の人の20人に1人は少数色覚なんだってあかとみどりがにている色に感じたりするんだ(^o^)/
色といっしょに目立つデザインで
違反なし
飛び出し
小学生の交通事故原因
その他
ななめ横断
車のすぐ前後を通る
横断歩道以外を渡る
道路で遊ぶ
信号無視
大《おお》きな文字《もじ》でもようをつけたりすると区別《くべつ》しやすいわね
色の名前といっしょにいろいろ伝えましょう
緑色《みどりいろ》の箱《はこ》を取《と》ってよ
右《みぎ》はしにある一番《いちばん》大《おお》きな赤《あか》い箱《はこ》を取《と》ってください
ちょっと気《き》をつければ簡単《かんたん》にできそうなことばかりね

わたしたちの中《なか》にも少数《しょうすう》色覚《しきかく》の人《ひと》がたくさんいるのよね
ぼくたちもいろいろな工夫《くふう》や助《たす》け合《あ》いを心《こころ》がけなきゃいけないね
そうですそういう理解《りかい》が深《ふか》まれば
色覚《しきかく》バリアフリーが実現《じつげん》できるよ
わたしたちの手《て》で…
できることから始《はじ》めよう
いろんな色覚《しきかく》の人《ひと》がともに生《い》きるすばらしさ！色覚《しきかく》だけじゃないねいろんな感《かん》じ方《かた》の人《ひと》がいっしょにいるから楽《たの》しくてすてきな世《よ》の中《なか》なんだ
そのとおりね！
人間《にんげん》っておもしろい！
いろいろがいいのよね

おうちのかたへ

人間《にんげん》には色《いろ》を感《かん》じる色覚《しきかく》があります。色覚《しきかく》は眼《め》の奥《おく》にある錐体《すいたい》という細胞《さいぼう》が光《ひかり》の波長《はちょう》に反応《はんのう》し、脳《のう》にその信号《しんごう》が送《おく》られ発生《はっせい》します。多《おお》くの人《ひと》は錐体《すいたい》を３種類《しゅるい》もっていますが、錐体《すいたい》の感度《かんど》が多《おお》くの人《ひと》と少《すこ》し違《ちが》ったり、錐体《すいたい》の種類《しゅるい》が２種類《しゅるい》だったりする少数色覚《しょうすうしきかく》の人《ひと》（色覚《しきかく》が少数派《しょうすうは》で日本人男性《にほんじんだんせい》の約《やく》２０人《にん》に一人《ひとり》、女性《じょせい》の約《やく》５００人《にん》に一人《ひとり》の割合《わりあい》）もいます。

少数色覚《しょうすうしきかく》は伴性潜性遺伝《はんせいせんせいいでん》という法則《ほうそく》で子孫《しそん》に伝《つた》わります。日本人女性《にほんじんじょせい》の１０人《にん》に一人《ひとり》は少数色覚《しょうすうしきかく》の子《こ》どもが生《う》まれる可能性《かのうせい》のある保因者《ほいんしゃ》です。少数色覚《しょうすうしきかく》はとても多《おお》くの女性《じょせい》にも関係《かんけい》する身近《みぢか》なものです。

色覚の分類

<table>
<tr><th colspan="3" rowspan="2"></th><th rowspan="2"></th><th colspan="3">錐体</th><th rowspan="2">桿体</th><th rowspan="2">日本人男性の出現率</th><th colspan="2" rowspan="2">眼科学会の呼称</th></tr>
<tr><th>S</th><th>M</th><th>L</th></tr>
<tr><td colspan="3">多数色覚（３色覚）</td><td>C型</td><td>○</td><td>○</td><td>○</td><td>○</td><td>約９５％</td><td colspan="2">正常色覚</td></tr>
<tr><td rowspan="9">先天少数色覚</td><td rowspan="4">先天赤緑少数色覚</td><td rowspan="2">少数３色覚</td><td>P型</td><td>○</td><td>○</td><td>☆</td><td>○</td><td rowspan="2">P型合計　約1．5％</td><td rowspan="9">色覚異常</td><td>１型３色覚</td></tr>
<tr><td>D型</td><td>○</td><td>☆</td><td>○</td><td>○</td><td>２型３色覚</td></tr>
<tr><td rowspan="2">２色覚</td><td>P型</td><td>○</td><td>○</td><td></td><td>○</td><td rowspan="2">D型合計　約3．5％</td><td>１型２色覚</td></tr>
<tr><td>D型</td><td>○</td><td></td><td>○</td><td>○</td><td>２型２色覚</td></tr>
<tr><td colspan="2">２色覚</td><td>T型</td><td></td><td>○</td><td>○</td><td>○</td><td>T型　約0．001％以下</td><td>３型２色覚</td></tr>
<tr><td colspan="2" rowspan="3">錐体１色覚</td><td rowspan="4">A型</td><td>○</td><td></td><td></td><td>○</td><td rowspan="4">約0．001％</td><td rowspan="4">１色覚</td></tr>
<tr><td></td><td>○</td><td></td><td>○</td></tr>
<tr><td></td><td></td><td>○</td><td>○</td></tr>
<tr><td colspan="2">桿体１色覚</td><td></td><td></td><td></td><td>○</td></tr>
</table>

○　＝　機能させている
☆　＝　○とは異なる波長感度をもっている

これまで、少数色覚《しょうすうしきかく》は多数色覚《たすうしきかく》にくらべて劣《おと》ったものだととらえられることが多《おお》くありました。そのため少数色覚者《しょうすうしきかくしゃ》の受《う》け入《い》れを拒否《きょひ》する学校《がっこう》や職場《しょくば》があるなどの人権問題《じんけんもんだい》があり、残念《ざんねん》ながらそれは今《いま》も一部残《いちぶのこ》されています。「検査《けんさ》で早《はや》く少数色覚者《しょうすうしきかくしゃ》を発見《はっけん》し色《いろ》を使《つか》う仕事《しごと》を避《さ》けさせるべきだ」という考《かんが》えもあります。しかし、少数色覚者《しょうすうしきかくしゃ》を拒否《きょひ》する正当《せいとう》な理由《りゆう》が本当《ほんとう》にあるのでしょうか？

現代《げんだい》、人間《にんげん》は身《み》につける服《ふく》の色《いろ》を選《えら》んだり絵《え》に色《いろ》を塗《ぬ》ったり色《いろ》を自由《じゆう》に使《つか》えるようになりました。多数色覚者《たすうしきかくしゃ》を基準《きじゅん》に決《き》められた色《いろ》の名前《なまえ》は少数色覚者《しょうすうしきかくしゃ》にわかりづらいことも確《たし》かにあり、見分《みわ》けるのが難《むずか》しいこともあります。でも、この冊子《さっし》でその逆《ぎゃく》があることもおわかりいただけると思《おも》います。

少数色覚者《しょうすうしきかくしゃ》は年齢《ねんれい》を重《かさ》ねるにつれ自分《じぶん》の色覚《しきかく》をしだいに理解《りかい》し、どうすればよいかを身《み》につけていきます。全国《ぜんこく》に３２０万人《まんにん》もの少数色覚者《しょうすうしきかくしゃ》がいますが、「困《こま》った」という声《こえ》をほとんど聞《き》くことがないのはそのためです。

最近《さいきん》の研究《けんきゅう》で、人間《にんげん》の色覚《しきかく》は人《ひと》によって大《おお》きく異《こと》なる多様性《たようせい》があること、少数色覚《しょうすうしきかく》には多数色覚《たすうしきかく》にはないすぐれた面《めん》もあることなどが明《あき》らかになりました。また、色覚《しきかく》の違《ちが》いによる社会《しゃかい》の壁《かべ》をなくそうとする「色覚《しきかく》バリアフリー」の取《と》り組《く》みも大《おお》きく広《ひろ》がりつつあります。

色覚《しきかく》だけではありません。人《ひと》にはいろいろな多様性《たようせい》があり一人一人《ひとりひとり》みな違《ちが》います。わたしたちは、それらの違《ちが》いをお互《たが》い認《みと》め合《あ》い、助《たす》け合《あ》える、みんなにやさしい社会《しゃかい》づくりをめざしています。

【おことわり】本冊子《ほんさっし》は人権問題《じんけんもんだい》として色覚《しきかく》を考《かんが》える学習資料《がくしゅうしりょう》です。多《おお》くの人《ひと》と異《こと》なる色覚《しきかく》やそれを有《ゆう》する人《ひと》には社会的少数者《しやかいてきしょうすうしゃ》としての人権問題《じんけんもんだい》があるという考《かんが》え方《かた》から、医学用語《いがくようご》ではなく、特徴《とくちょう》を「少数色覚《しょうすうしきかく》」、人《ひと》を「少数色覚者《しょうすうしきかくしゃ》」と称《しょう》しています。

しきかく学習
カラーメイト
https://color-mate.net/
カラーメイト

製作・著作　しきかく学習カラーメイト　（代表　尾家 宏昭）　E-Mail　info@color-mate.net
マンガ　金 孝源＝キム・ヒョウォン　（別府大学 文学部 国際言語・文化学科 マンガ・アニメーションコース 専任講師）
脚色協力　田代 しんたろう　（別府大学 文学部 国際言語・文化学科 マンガ・アニメーションコース 客員教授）
監修（50音順）　岡部 正隆　（東京慈恵会医科大学 解剖学講座 教授、カラーユニバーサルデザイン機構 副理事長）
河村 正二　（東京大学 大学院 新領域創成科学研究科 先端生命科学専攻 人類進化システム分野 教授）
齋藤 慈子　（武蔵野大学 教育学部 児童教育学科 講師）
高柳 泰世　（本郷眼科・神経内科、名古屋市学校医(眼科)会 名誉会長、藤田保健衛生大学医学部公衆衛生学 客員教授）

2017年3月20日初版 2019年6月4日改訂3版 発行

はじめて色《しき》覚《かく》にであう本《ほん》

色《いろ》って　いろいろ

しきかく学習

カラーメイト

市民図書館
わぁ きれいな 金魚《きんぎょ》！
まっ赤《か》だね
ええ？ ちょっとオレンジっぽいよ
でも 魚《さかな》のスイタイって あんなに種類《しゅるい》があるなんて びっくりだよな
え?!
PUSH
昨日《きのう》教《おそ》わった シキカクの話《はなし》ね
色《いろ》を感《かん》じるって 不思議《ふしぎ》だよな
自分《じぶん》が見《み》ている色《いろ》が 正《ただ》しいと思《おも》っていたけど ほかの人《ひと》や動物《どうぶつ》と 同《おな》じとはかぎらないんだよな

お兄《にい》さんたち何話《なにはな》してるの?
スイタイとかシキカクとか色《いろ》がどうとか…
ああ今大学《いまだいがく》で勉強《べんきょう》していることだよ
色《いろ》の見《み》え方《かた》の研究《けんきゅう》をしている先生《せんせい》の授業《じゅぎょう》がとてもおもしろいの
談話室《だんわしつ》
色《いろ》を感《かん》じるのは目《め》のおくにあるすいたい（錐体《すいたい》）というセンサーがあるからなのよ
カメラからの信号《しんごう》でテレビに色《いろ》が映《うつ》るように
テレビカメラ
光
光
光
光
信号《しんごう》
ケーブル
だいいろいろ
神経《しんけい》
信号
センサーのすいたいで受《う》け取《と》って
色《いろ》は脳《のう》でつくられるのよ

※ゼブラフィッシュ（別名《べつめい》ゼブラダニオ）という体長《たいちょう》5センチほどの魚《さかな》は8種類《しゅるい》のすいたいをもっていることが発見《はっけん》されました

○○ 研究室
おじゃまします
いらっしゃい
ではまず色《いろ》の感《かん》じ方《かた》にちがいがあることを確かめてみようね
それぞれ横《よこ》にならんだ3つ目《め》立《だ》って見《み》えるのはどれ？
赤
緑
青緑
黄
黄緑
淡い青緑
わたしはどちらもいちばん左《ひだり》が目《め》立《だ》って見《み》えるわ
ぼくは青《あお》緑《みどり》が大《おお》きくちがって見《み》えるなぁ
どちらも正《せい》解《かい》！
多《た》数《すう》色《しき》覚《かく》の人《ひと》は赤が目《め》立《だ》って見《み》えて少《しょう》数《すう》色《しき》覚《かく》の人《ひと》は青《あお》色《いろ》が目《め》立《だ》って見《み》えるとくちょうがあるんだ
同《おな》じ人《にん》間《げん》でも色《いろ》を見《み》分《わ》ける感《かん》覚《かく》にはちがいがあるんだ人《にん》数《ずう》が少《すく》ないからといって少《しょう》数《すう》色《しき》覚《かく》は特《とく》別《べつ》なことではないんだよ

色《いろ》の見《み》え方《かた》を調《しら》べる検査《けんさ》はないんですか？
こんな検査《けんさ》方《ほう》法《ほう》があるのよけれども…
【仮性同色表《かせいどうしょくひょう》】
色《いろ》のモザイクの中《なか》から数字《すうじ》や記号《きごう》を読《よ》み取《と》ります
【パネルD-15】
15色《しょく》のパネルを色《いろ》の順《じゅん》に並《なら》べます
【アノマロスコープ】
中《なか》の色《いろ》の光《ひかり》をのぞいて判定《はんてい》します
けれども？
検査《けんさ》でわかるのは「ある色《いろ》とほかの色《いろ》を見分《みわ》けられるか」だけで「どのように、見《み》えているか」ではないんだよ
そうかぁ
でもセンサーが2つより3つのほうが色《いろ》を多く見分《みわ》けられますよね
…ということは3色《しょく》型《がた》色覚《しきかく》のほうが生活《せいかつ》するのに都合《つごう》がいい！
ふふふそれがそうでもないのよ
人間《にんげん》以外《いがい》の研究《けんきゅう》からいろいろわかってきてるんだ
たとえばおさるさん

※アメリカ大陸《たいりく》の中央部《ちゅうおうぶ》から南《みなみ》アメリカ大陸《たいりく》までの広《ひろ》い地域《ちいき》のこと

もう一《ひと》つ実験《じっけん》
絵《え》の中《なか》のどの動物《どうぶつ》が
見《み》つけやすい
かな？
おさるさんが
木《き》の上《うえ》にいるわ
草《くさ》むらに
2頭《とう》
何《なに》かいるね…
鳥《とり》は1羽《わ》かと
思《おも》ったら…
人《ひと》によって
見《み》つけやすい
動物《どうぶつ》が
ちがったり
するよね
それぞれの
タイプに
とくいな色分《いろわ》けが
あるという
ことですね
実《じつ》はこれまで
少数色覚《しょうすうしきかく》の
人《ひと》について
理解《りかい》されなかったり
誤解《ごかい》からいろいろ
おかしなことが
起《お》きてたんだ
病気《びょうき》のように
治《なお》そうとしたり
電流《でんりゅう》を
流《なが》す
治療《ちりょう》を
しましょう
病気《びょうき》じゃ
ないんだから
治療《ちりょう》なんて
おかしいよ

※今《いま》は少数色覚《しょうすうしきかく》のお医者《いしゃ》さんやデザイナーや学校《がっこう》の先生《せんせい》もたくさんいます

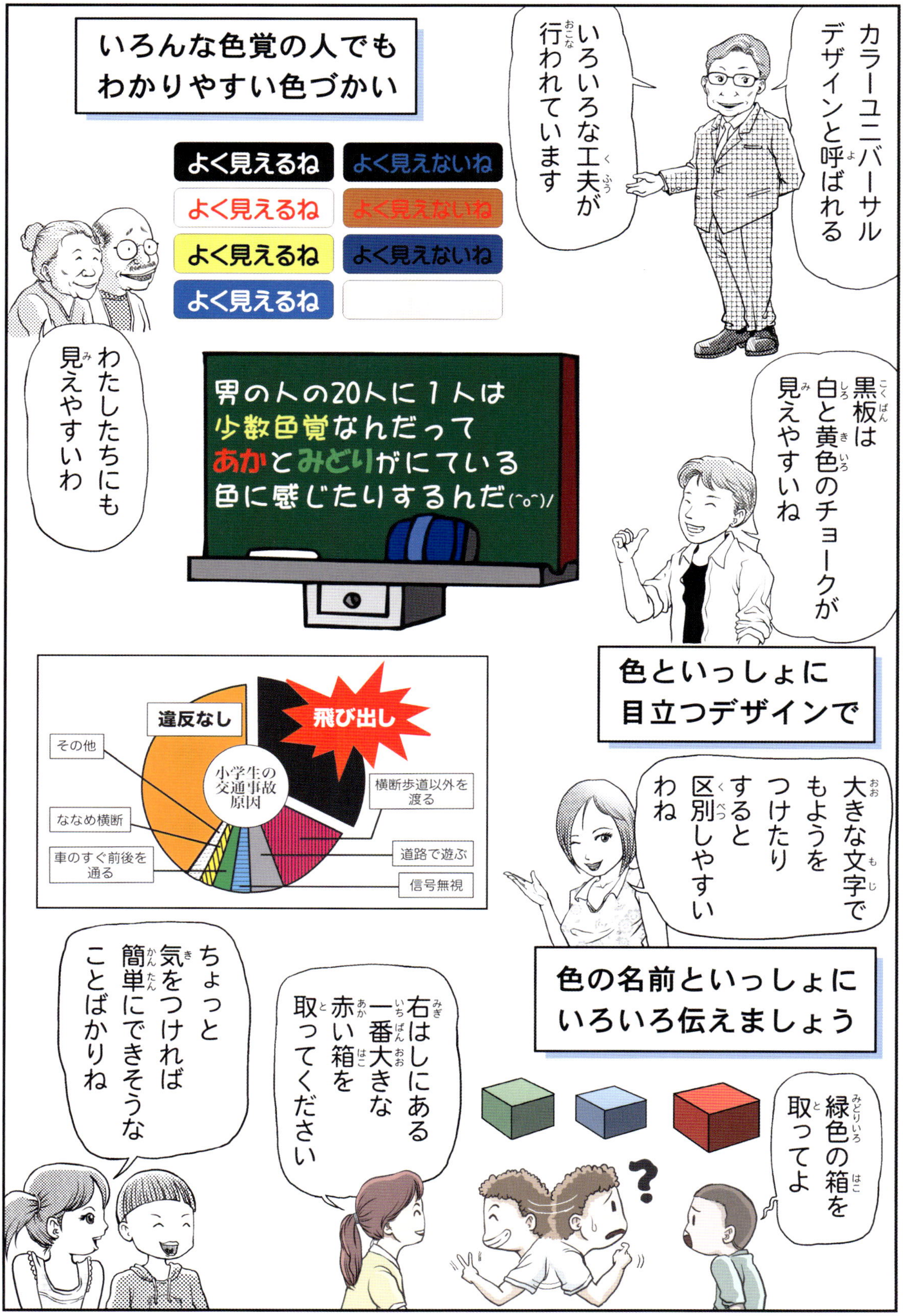
いろんな色覚の人でも
わかりやすい色づかい
カラーユニバーサルデザインと呼《よ》ばれる
いろいろな工夫《くふう》が行《おこな》われています
よく見えるね
よく見えないね
よく見えるね
よく見えないね
よく見えるね
よく見えないね
よく見えるね
わたしたちにも見《み》えやすいわ
男の人の20人に1人は
少数色覚なんだって
あかとみどりがにている
色に感じたりするんだ(^o^)/
黒板《こくばん》は白《しろ》と黄色《きいろ》のチョークが見《み》えやすいね
色といっしょに
目立つデザインで
違反なし
飛び出し
小学生の交通事故原因
その他
ななめ横断
車のすぐ前後を通る
横断歩道以外を渡る
道路で遊ぶ
信号無視
大《おお》きな文字《もじ》でもようをつけたりすると区別《くべつ》しやすいわね
色の名前といっしょに
いろいろ伝えましょう
ちょっと気《き》をつければ簡単《かんたん》にできそうなことばかりね
右《みぎ》はしにある一番《いちばん》大《おお》きな赤《あか》い箱《はこ》を取《と》ってください
緑色《みどりいろ》の箱《はこ》を取《と》ってよ
?

わたしたちの中《なか》にも少数色覚《しょうすうしきかく》の人《ひと》がたくさんいるのよね
ぼくたちもいろいろな工夫《くふう》や助《たす》け合《あ》いを心《こころ》がけなきゃいけないね
そうですそういう理解《りかい》が深《ふか》まれば
色覚《しきかく》バリアフリーが実現《じつげん》できるよ
わたしたちの手《て》で…
できることから始《はじ》めよう
いろんな色覚《しきかく》の人《ひと》がともに生《い》きるすばらしさ！色覚《しきかく》だけじゃないねいろんな感《かん》じ方《かた》の人《ひと》がいっしょにいるから楽《たの》しくてすてきな世《よ》の中《なか》なんだ
そのとおりね！
人間《にんげん》っておもしろい！
いろいろがいいのよね

おうちのかたへ

人間《にんげん》には色《いろ》を感《かん》じる色覚《しきかく》があります。色覚《しきかく》は眼《め》の奥《おく》にある錐体《すいたい》という細胞《さいぼう》が光《ひかり》の波長《はちょう》に反応《はんのう》し、脳《のう》にその信号《しんごう》が送《おく》られ発生《はっせい》します。多《おお》くの人《ひと》は錐体《すいたい》を３種類《しゅるい》もっていますが、錐体《すいたい》の感度《かんど》が多《おお》くの人《ひと》と少《すこ》し違《ちが》ったり、錐体《すいたい》の種類《しゅるい》が２種類《しゅるい》だったりする少数色覚《しょうすうしきかく》の人《ひと》（色覚《しきかく》が少数派《しょうすうは》で日本人男性《にほんじんだんせい》の約《やく》２０人《にん》に一人《ひとり》、女性《じょせい》の約《やく》５００人《にん》に一人《ひとり》の割合《わりあい》）もいます。

色覚の分類

				錐体 S	錐体 M	錐体 L	桿体	日本人男性の出現率	眼科学会の呼称	
多数色覚（３色覚）			C型	○	○	○	○	約９５％	正常色覚	
先天少数色覚	先天赤緑少数色覚	少数３色覚	P型	○	○	☆	○	P型合計　約１．５％	色覚異常	１型３色覚
			D型	○	☆	○	○			２型３色覚
		２色覚	P型	○	○		○	D型合計　約３．５％		１型２色覚
			D型	○		○	○			２型２色覚
	２色覚		T型		○	○	○	T型　約０．００１％以下		３型２色覚
	錐体１色覚		A型	○			○	約０．００１％		１色覚
					○		○			
						○	○			
	桿体１色覚						○			

○　＝　機能させている
☆　＝　○とは異なる波長感度をもっている

少数色覚《しょうすうしきかく》は伴性潜性遺伝《はんせいせんせいいでん》という法則《ほうそく》で子孫《しそん》に伝《つた》わります。日本人女性《にほんじんじょせい》の１０人《にん》に一人《ひとり》は少数色覚《しょうすうしきかく》の子《こ》どもが生《う》まれる可能性《かのうせい》のある保因者《ほいんしゃ》です。少数色覚《しょうすうしきかく》はとても多《おお》くの女性《じょせい》にも関係《かんけい》する身近《みぢか》なものです。

これまで、少数色覚《しょうすうしきかく》は多数色覚《たすうしきかく》にくらべて劣《おと》ったものだととらえられることが多《おお》くありました。そのため少数色覚者《しょうすうしきかくしゃ》の受《う》け入《い》れを拒否《きょひ》する学校《がっこう》や職場《しょくば》があるなどの人権問題《じんけんもんだい》があり、残念《ざんねん》ながらそれは今《いま》も一部残《いちぶのこ》されています。「検査《けんさ》で早《はや》く少数色覚者《しょうすうしきかくしゃ》を発見《はっけん》し色《いろ》を使《つか》う仕事《しごと》を避《さ》けさせるべきだ」という考《かんが》えもあります。しかし、少数色覚者《しょうすうしきかくしゃ》を拒否《きょひ》する正当《せいとう》な理由《りゆう》が本当《ほんとう》にあるのでしょうか？

現代《げんだい》、人間《にんげん》は身《み》につける服《ふく》の色《いろ》を選《えら》んだり絵《え》に色《いろ》を塗《ぬ》ったり色《いろ》を自由《じゆう》に使《つか》えるようになりました。多数色覚者《たすうしきかくしゃ》を基準《きじゅん》に決《き》められた色《いろ》の名前《なまえ》は少数色覚者《しょうすうしきかくしゃ》にわかりづらいことも確《たし》かにあり、見分《みわ》けるのが難《むずか》しいこともあります。でも、この冊子《さっし》でその逆《ぎゃく》があることもおわかりいただけると思《おも》います。

少数色覚者《しょうすうしきかくしゃ》は年齢《ねんれい》を重《かさ》ねるにつれ自分《じぶん》の色覚《しきかく》をしだいに理解《りかい》し、どうすればよいかを身《み》につけていきます。全国《ぜんこく》に３２０万人《まんにん》もの少数色覚者《しょうすうしきかくしゃ》がいますが、「困《こま》った」という声《こえ》をほとんど聞《き》くことがないのはそのためです。

最近《さいきん》の研究《けんきゅう》で、人間《にんげん》の色覚《しきかく》は人《ひと》によって大《おお》きく異《こと》なる多様性《たようせい》があること、少数色覚《しょうすうしきかく》には多数色覚《たすうしきかく》にはないすぐれた面《めん》もあることなどが明《あき》らかになりました。また、色覚《しきかく》の違《ちが》いによる社会《しゃかい》の壁《かべ》をなくそうとする「色覚《しきかく》バリアフリー」の取《と》り組《く》みも大《おお》きく広《ひろ》がりつつあります。

色覚《しきかく》だけではありません。人《ひと》にはいろいろな多様性《たようせい》があり一人一人《ひとりひとり》みな違《ちが》います。わたしたちは、それらの違《ちが》いをお互《たが》い認《みと》め合《あ》い、助《たす》け合《あ》える、みんなにやさしい社会《しゃかい》づくりをめざしています。

【おことわり】本冊子《ほんさっし》は人権問題《じんけんもんだい》として色覚《しきかく》を考《かんが》える学習資料《がくしゅうしりょう》です。多《おお》くの人《ひと》と異《こと》なる色覚《しきかく》やそれを有《ゆう》する人《ひと》には社会的少数者《しゃかいてきしょうすうしゃ》としての人権問題《じんけんもんだい》があるという考《かんが》え方《かた》から、医学用語《いがくようご》ではなく、特徴《とくちょう》を「少数色覚《しょうすうしきかく》」、人《ひと》を「少数色覚者《しょうすうしきかくしゃ》」と称《しょう》しています。

しきかく学習
カラーメイト
https://color-mate.net/

製作・著作　しきかく学習カラーメイト　（代表　尾家 宏昭）　E-Mail　info@color-mate.net
マンガ　金 孝源＝キム・ヒョウォン　（別府大学 文学部 国際言語・文化学科 マンガ・アニメーションコース 専任講師）
脚色協力　田代 しんたろう　（別府大学 文学部 国際言語・文化学科 マンガ・アニメーションコース 客員教授）
監修（50音順）　岡部 正隆　（東京慈恵会医科大学 解剖学講座 教授、カラーユニバーサルデザイン機構 副理事長）
河村 正二　（東京大学 大学院 新領域創成科学研究科 先端生命科学専攻 人類進化システム分野 教授）
齋藤 慈子　（武蔵野大学 教育学部 児童教育学科 講師）
高柳 泰世　（本郷眼科・神経内科、名古屋市学校医(眼科)会 名誉会長、藤田保健衛生大学医学部公衆衛生学 客員教授）

2017年3月20日初版 2019年6月4日改訂3版 発行

はじめて色覚《しきかく》にであう本《ほん》

色《いろ》って　いろいろ

しきかく学習
カラーメイト

市民図書館
わぁきれいな金魚《きんぎょ》!
まっ赤《か》だね
ええ?ちょっとオレンジっぽいよ
でも魚《さかな》のスイタイってあんなに種類《しゅるい》があるなんてびっくりだよな
え?!
昨日《きのう》教《おそ》わったシキカクの話《はなし》ね
色《いろ》を感《かん》じるって不思議《ふしぎ》だよな
自分《じぶん》が見《み》ている色《いろ》が正《ただ》しいと思《おも》っていたけどほかの人《ひと》や動物《どうぶつ》と同《おな》じとはかぎらないんだよな

お兄《にい》さんたち何《なに》話《はな》してるの?
スイタイとかシキカクとか色《いろ》がどうとか…
ああ今《いま》大学《だいがく》で勉強《べんきょう》していることだよ
色《いろ》の見《み》え方《かた》の研究《けんきゅう》をしている先生《せんせい》の授業《じゅぎょう》がとてもおもしろいの
談話室《だんわしつ》
色《いろ》を感《かん》じるのは目《め》のおくにあるすいたい（錐体《すいたい》）というセンサーがあるからなのよ
カメラからの信号《しんごう》でテレビに色《いろ》が映《うつ》るように
テレビカメラ
光
光
光
光
信号《しんごう》
ケーブル
神経《しんけい》
いろいろだ ♪
信号
センサーの
すいたいで受《う》け取《と》って
色《いろ》は脳《のう》でつくられるのよ

※ゼブラフィッシュ（別名《べつめい》ゼブラダニオ）という体長《たいちょう》5センチほどの魚《さかな》は8種類《しゅるい》のすいたいをもっていることが発見《はっけん》されました

○○ 研究室
おじゃまします
いらっしゃい
ではまず色《いろ》の感《かん》じ方《かた》にちがいがあることを確かめてみようね
それぞれ横《よこ》にならんだ3つ目《め》立《だ》って見《み》えるのはどれ？
赤
緑
青緑
黄
黄緑
淡い青緑
わたしはどちらもいちばん左《ひだり》が目《め》立《だ》って見《み》えるわ
ぼくは青緑《あおみどり》が大《おお》きくちがって見《み》えるなぁ
どちらも正解《せいかい》！
多数色覚《たすうしきかく》の人《ひと》は赤が目《め》立《だ》って見《み》えて少数色覚《しょうすうしきかく》の人《ひと》は青色《あおいろ》が目《め》立《だ》って見《み》えるとくちょうがあるんだ
同《おな》じ人間《にんげん》でも色《いろ》を見分《みわ》ける感覚《かんかく》にはちがいがあるんだ人数《にんずう》が少《すく》ないからといって少数色覚《しょうすうしきかく》は特別《とくべつ》なことではないんだよ

色《いろ》の見《み》え方《かた》を調《しら》べる検査《けんさ》はないんですか？
こんな検査方法《けんさほうほう》があるのよけれども…
【仮性同色表《かせいどうしょくひょう》】
色《いろ》のモザイクの中《なか》から数字《すうじ》や記号《きごう》を読《よ》み取《と》ります
【パネルD-15】
15色《しょく》のパネルを色《いろ》の順《じゅん》に並《なら》べます
【アノマロスコープ】
中《なか》の色《いろ》の光《ひかり》をのぞいて判定《はんてい》します
けれども？
検査《けんさ》でわかるのは「ある色《いろ》とほかの色《いろ》を見分《みわ》けられるか」だけで「どのように見《み》えているか」ではないんだよ
そうかぁ
でもセンサーが2つより3つのほうが色《いろ》を多く見分《みわ》けられますよね
…ということは3色型《しょくがた》色覚《しきかく》のほうが生活《せいかつ》するのに都合《つごう》がいい！
ふふふそれがそうでもないのよ
人間《にんげん》以外《いがい》の研究《けんきゅう》からいろいろわかってきてるんだ
たとえばおさるさん

※アメリカ大陸《たいりく》の中央部《ちゅうおうぶ》から南《みなみ》アメリカ大陸《たいりく》までの広《ひろ》い地域《ちいき》のこと

もう一《ひと》つ実験《じっけん》 絵《え》の中《なか》のどの動物《どうぶつ》が見《み》つけやすいかな？
おさるさんが木《き》の上《うえ》にいるわ
草《くさ》むらに2頭《とう》何《なに》かいるね…
鳥《とり》は1羽《わ》かと思《おも》ったら…
人《ひと》によって見《み》つけやすい動物《どうぶつ》がちがったりするよね
それぞれのタイプにとくいな色分《いろわ》けがあるということですね
実《じつ》はこれまで少数色覚《しょうすうしきかく》の人《ひと》について理解《りかい》されなかったり誤解《ごかい》からいろいろおかしなことが起《お》きてたんだ
病気《びょうき》のように治《なお》そうとしたり
電流《でんりゅう》を流《なが》す治療《ちりょう》をしましょう
病気《びょうき》じゃないんだから治療《ちりょう》なんておかしいよ

※今《いま》は少数色覚《しょうすうしきかく》のお医者《いしゃ》さんやデザイナーや学校《がっこう》の先生《せんせい》もたくさんいます

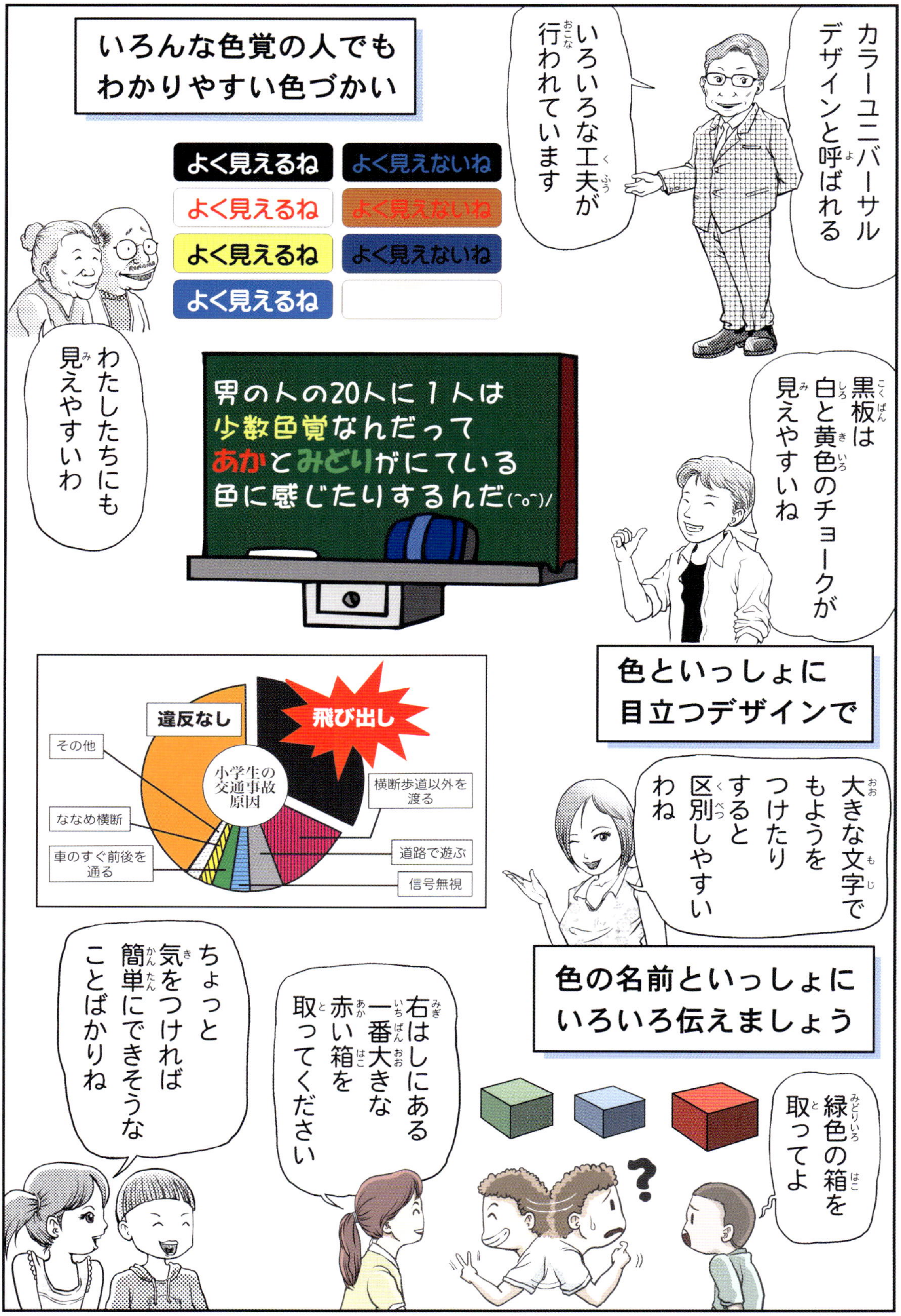

カラーユニバーサルデザインと呼《よ》ばれる
いろいろな工夫《くふう》が行《おこな》われています
いろんな色覚の人でもわかりやすい色づかい
よく見えるね
よく見えないね
よく見えるね
よく見えないね
よく見えるね
よく見えないね
よく見えるね
黒板《こくばん》は白《しろ》と黄色《きいろ》のチョークが見《み》えやすいね
男の人の20人に1人は
少数色覚なんだって
あかとみどりがにている
色に感じたりするんだ(^o^)/
わたしたちにも見《み》えやすいわ
色といっしょに目立つデザインで
大《おお》きな文字《もじ》でもようをつけたりすると区別《くべつ》しやすいわね
違反なし
飛び出し
小学生の交通事故原因
その他
横断歩道以外を渡る
ななめ横断
道路で遊ぶ
車のすぐ前後を通る
信号無視
色の名前といっしょにいろいろ伝えましょう
緑色《みどりいろ》の箱《はこ》を取《と》ってよ
右《みぎ》はしにある一番《いちばん》大《おお》きな赤《あか》い箱《はこ》を取《と》ってください
ちょっと気《き》をつければ簡単《かんたん》にできそうなことばかりね

わたしたちの中《なか》にも少数色覚《しょうすうしきかく》の人《ひと》がたくさんいるのよね
ぼくたちもいろいろな工夫《くふう》や助《たす》け合《あ》いを心《こころ》がけなきゃいけないね
そうですそういう理解《りかい》が深《ふか》まれば
色覚《しきかく》バリアフリーが実現《じつげん》できるよ
できることから始《はじ》めよう
わたしたちの手《て》で…
いろんな色覚《しきかく》の人《ひと》がともに生《い》きるすばらしさ！色覚《しきかく》だけじゃないねいろんな感《かん》じ方《かた》の人《ひと》がいっしょにいるから楽《たの》しくてすてきな世《よ》の中《なか》なんだ
そのとおりね！
人間《にんげん》っておもしろい！
いろいろがいいのよね

おうちのかたへ

人間《にんげん》には色《いろ》を感《かん》じる色覚《しきかく》があります。色覚《しきかく》は眼《め》の奥《おく》にある錐体《すいたい》という細胞《さいぼう》が光《ひかり》の波長《はちょう》に反応《はんのう》し、脳《のう》にその信号《しんごう》が送《おく》られ発生《はっせい》します。多《おお》くの人《ひと》は錐体《すいたい》を３種類《しゅるい》もっていますが、錐体《すいたい》の感度《かんど》が多《おお》くの人《ひと》と少《すこ》し違《ちが》ったり、錐体《すいたい》の種類《しゅるい》が２種類《しゅるい》だったりする少数色覚《しょうすうしきかく》の人《ひと》（色覚《しきかく》が少数派《しょうすうは》で日本人男性《にほんじんだんせい》の約《やく》２０人《にん》に一人《ひとり》、女性《じょせい》の約《やく》５００人《にん》に一人《ひとり》の割合《わりあい》）もいます。

色覚の分類

				錐体 S	錐体 M	錐体 L	桿体	日本人男性の出現率	眼科学会の呼称	
多数色覚（３色覚）			C型	○	○	○	○	約９５％	正常色覚	
先天少数色覚	先天赤緑少数色覚	少数３色覚	P型	○	○	☆	○	P型合計 約1．5％	色覚異常	１型３色覚
			D型	○	☆	○	○			２型３色覚
		２色覚	P型	○	○		○	D型合計 約3．5％		１型２色覚
			D型	○		○	○			２型２色覚
	２色覚		T型		○	○	○	T型 約0．001％以下		３型２色覚
	錐体１色覚		A型	○			○	約0．001％		１色覚
					○		○			
						○	○			
	桿体１色覚						○			

○ ＝ 機能させている
☆ ＝ ○とは異なる波長感度をもっている

少数色覚《しょうすうしきかく》は伴性潜性遺伝《はんせいせんせいいでん》という法則《ほうそく》で子孫《しそん》に伝《つた》わります。日本人女性《にほんじんじょせい》の１０人《にん》に一人《ひとり》は少数色覚《しょうすうしきかく》の子《こ》どもが生《う》まれる可能性《かのうせい》のある保因者《ほいんしゃ》です。少数色覚《しょうすうしきかく》はとても多《おお》くの女性《じょせい》にも関係《かんけい》する身近《みぢか》なものです。

これまで、少数色覚《しょうすうしきかく》は多数色覚《たすうしきかく》にくらべて劣《おと》ったものだととらえられることが多《おお》くありました。そのため少数色覚者《しょうすうしきかくしゃ》の受《う》け入《い》れを拒否《きょひ》する学校《がっこう》や職場《しょくば》があるなどの人権問題《じんけんもんだい》があり、残念《ざんねん》ながらそれは今《いま》も一部残《いちぶのこ》されています。「検査《けんさ》で早《はや》く少数色覚者《しょうすうしきかくしゃ》を発見《はっけん》し色《いろ》を使《つか》う仕事《しごと》を避《さ》けさせるべきだ」という考《かんが》えもあります。しかし、少数色覚者《しょうすうしきかくしゃ》を拒否《きょひ》する正当《せいとう》な理由《りゆう》が本当《ほんとう》にあるのでしょうか？

現代《げんだい》、人間《にんげん》は身《み》につける服《ふく》の色《いろ》を選《えら》んだり絵《え》に色《いろ》を塗《ぬ》ったり色《いろ》を自由《じゆう》に使《つか》えるようになりました。多数色覚者《たすうしきかくしゃ》を基準《きじゅん》に決《き》められた色《いろ》の名前《なまえ》は少数色覚者《しょうすうしきかくしゃ》にわかりづらいことも確《たし》かにあり、見分《みわ》けるのが難《むずか》しいこともあります。でも、この冊子《さっし》でその逆《ぎゃく》があることもおわかりいただけると思《おも》います。

少数色覚者《しょうすうしきかくしゃ》は年齢《ねんれい》を重《かさ》ねるにつれ自分《じぶん》の色覚《しきかく》をしだいに理解《りかい》し、どうすればよいかを身《み》につけていきます。全国《ぜんこく》に３２０万人《まんにん》もの少数色覚者《しょうすうしきかくしゃ》がいますが、「困《こま》った」という声《こえ》をほとんど聞《き》くことがないのはそのためです。

最近《さいきん》の研究《けんきゅう》で、人間《にんげん》の色覚《しきかく》は人《ひと》によって大《おお》きく異《こと》なる多様性《たようせい》があること、少数色覚《しょうすうしきかく》には多数色覚《たすうしきかく》にはないすぐれた面《めん》もあることなどが明《あき》らかになりました。また、色覚《しきかく》の違《ちが》いによる社会《しゃかい》の壁《かべ》をなくそうとする「色覚《しきかく》バリアフリー」の取《と》り組《く》みも大《おお》きく広《ひろ》がりつつあります。

色覚《しきかく》だけではありません。人《ひと》にはいろいろな多様性《たようせい》があり一人一人《ひとりひとり》みな違《ちが》います。わたしたちは、それらの違《ちが》いをお互《たが》い認《みと》め合《あ》い、助《たす》け合《あ》える、みんなにやさしい社会《しゃかい》づくりをめざしています。

【おことわり】本冊子《ほんさっし》は人権問題《じんけんもんだい》として色覚《しきかく》を考《かんが》える学習資料《がくしゅうしりょう》です。多《おお》くの人《ひと》と異《こと》なる色覚《しきかく》やそれを有《ゆう》する人《ひと》には社会的少数者《しゃかいてきしょうすうしゃ》としての人権問題《じんけんもんだい》があるという考《かんが》え方《かた》から、医学用語《いがくようご》ではなく、特徴《とくちょう》を「少数色覚《しょうすうしきかく》」、人《ひと》を「少数色覚者《しょうすうしきかくしゃ》」と称《しょう》しています。

しきかく学習
カラーメイト
https://color-mate.net/

カラーメイト

製作・著作　しきかく学習カラーメイト　（代表　尾家 宏昭）　E-Mail　info@color-mate.net
マ ン ガ　金 孝源＝キム・ヒョウォン　（別府大学 文学部 国際言語・文化学科 マンガ・アニメーションコース 専任講師）
脚色協力　田代 しんたろう　（別府大学 文学部 国際言語・文化学科 マンガ・アニメーションコース 客員教授）
監　　修　岡部 正隆　（東京慈恵会医科大学 解剖学講座 教授、カラーユニバーサルデザイン機構 副理事長）
（50音順）　河村 正二　（東京大学 大学院 新領域創成科学研究科 先端生命科学専攻 人類進化システム分野 教授）
齋藤 慈子　（武蔵野大学 教育学部 児童教育学科 講師）
高柳 泰世　（本郷眼科・神経内科、名古屋市学校医(眼科)会 名誉会長、藤田保健衛生大学医学部公衆衛生学 客員教授）

2017年3月20日初版 2019年6月4日改訂3版 発行

はじめて色《しき》覚《かく》にであう本《ほん》

色《いろ》って　いろいろ

しきかく学習
カラーメイト

市民図書館
わぁ きれいな 金魚《きんぎょ》！
まっ赤《か》だね
ええ？ちょっとオレンジっぽいよ
でも魚《さかな》のスイタイってあんなに種類《しゅるい》があるなんてびっくりだよな
え?!
昨日《きのう》教《おそ》わったシキカクの話《はなし》ね
色《いろ》を感《かん》じるって不思議《ふしぎ》だよな
自分《じぶん》が見《み》ている色《いろ》が正《ただ》しいと思《おも》っていたけどほかの人《ひと》や動物《どうぶつ》と同《おな》じとはかぎらないんだよな

お兄《にい》さんたち何《なに》話《はな》してるの？
スイタイとかシキカクとか色《いろ》がどうとか…
ああ今《いま》大学《だいがく》で勉強《べんきょう》していることだよ
色《いろ》の見《み》え方《かた》の研究《けんきゅう》をしている先生《せんせい》の授業《じゅぎょう》がとてもおもしろいの
談話室《だんわしつ》
色《いろ》を感《かん》じるのは目《め》のおくにあるすいたい（錐体《すいたい》）というセンサーがあるからなのよ
カメラからの信号《しんごう》でテレビに色《いろ》が映《うつ》るように
テレビカメラ
光
光
光
光
信号《しんごう》
ケーブル
神経《しんけい》
いろいろだ
信号
センサーのすいたいで受《う》け取《と》って
色《いろ》は脳《のう》でつくられるのよ

※ゼブラフィッシュ（別名《べつめい》ゼブラダニオ）という体長《たいちょう》5センチほどの魚《さかな》は8種類《しゅるい》のすいたいをもっていることが発見《はっけん》されました

○○ 研究室
おじゃまします
いらっしゃい
ではまず色《いろ》の感《かん》じ方《かた》にちがいがあることを確かめてみようね
それぞれ横《よこ》にならんだ3つ目立《めだ》って見《み》えるのはどれ？
赤
緑
青緑
黄
黄緑
淡い青緑
わたしはどちらもいちばん左《ひだり》が目立《めだ》って見《み》えるわ
ぼくは青緑《あおみどり》が大《おお》きくちがって見《み》えるなぁ
どちらも正解《せいかい》！
多数色覚《たすうしきかく》の人《ひと》は赤が目立《めだ》って見《み》えて少数色覚《しょうすうしきかく》の人《ひと》は青色《あおいろ》が目立《めだ》って見《み》えるとくちょうがあるんだ
同《おな》じ人間《にんげん》でも色《いろ》を見分《みわ》ける感覚《かんかく》にはちがいがあるんだ人数《にんずう》が少《すく》ないからといって少数色覚《しょうすうしきかく》は特別《とくべつ》なことではないんだよ

色《いろ》の見《み》え方《かた》を調《しら》べる検査《けんさ》はないんですか？
こんな検査《けんさ》方法《ほうほう》があるのよけれども…
【仮性同色表《かせいどうしょくひょう》】
色《いろ》のモザイクの中《なか》から数字《すうじ》や記号《きごう》を読《よ》み取《と》ります
【パネルD-15】
15色《しょく》のパネルを色《いろ》の順《じゅん》に並《なら》べます
【アノマロスコープ】
中《なか》の色《いろ》の光《ひかり》をのぞいて判定《はんてい》します
けれども？
検査《けんさ》でわかるのは「ある色《いろ》とほかの色《いろ》を見分《みわ》けられるか」だけで「どのように見《み》えているか」ではないんだよ
そうかぁ
でもセンサーが2つより3つのほうが色《いろ》を多く見分《みわ》けられますよね
…ということは3色型《しょくがた》色覚《しきかく》のほうが生活《せいかつ》するのに都合《つごう》がいい！
ふふふそれがそうでもないのよ
人間《にんげん》以外《いがい》の研究《けんきゅう》からいろいろわかってきてるんだ
たとえばおさるさん

※アメリカ大陸《たいりく》の中央部《ちゅうおうぶ》から南《みなみ》アメリカ大陸《たいりく》までの広《ひろ》い地域《ちいき》のこと

もう一《ひと》つ実験《じっけん》
絵《え》の中《なか》のどの動物《どうぶつ》が
見《み》つけやすい
かな？
おさるさんが
木《き》の上《うえ》にいるわ
草《くさ》むらに
2頭《とう》
何《なに》かいるね…
鳥《とり》は1羽《わ》かと
思《おも》ったら…
人《ひと》によって
見《み》つけやすい
動物《どうぶつ》が
ちがったり
するよね
それぞれの
タイプに
とくいな色分《いろわ》けが
あるという
ことですね
実《じつ》はこれまで
少数色覚《しょうすうしきかく》の
人《ひと》について
理解《りかい》されなかったり
誤解《ごかい》からいろいろ
おかしなことが
起《お》きてたんだ
病気《びょうき》のように
治《なお》そうとしたり
電流《でんりゅう》を
流《なが》す
治療《ちりょう》を
しましょう
病気《びょうき》じゃ
ないんだから
治療《ちりょう》なんて
おかしいよ

※今《いま》は少数色覚《しょうすうしきかく》のお医者《いしゃ》さんやデザイナーや学校《がっこう》の先生《せんせい》もたくさんいます

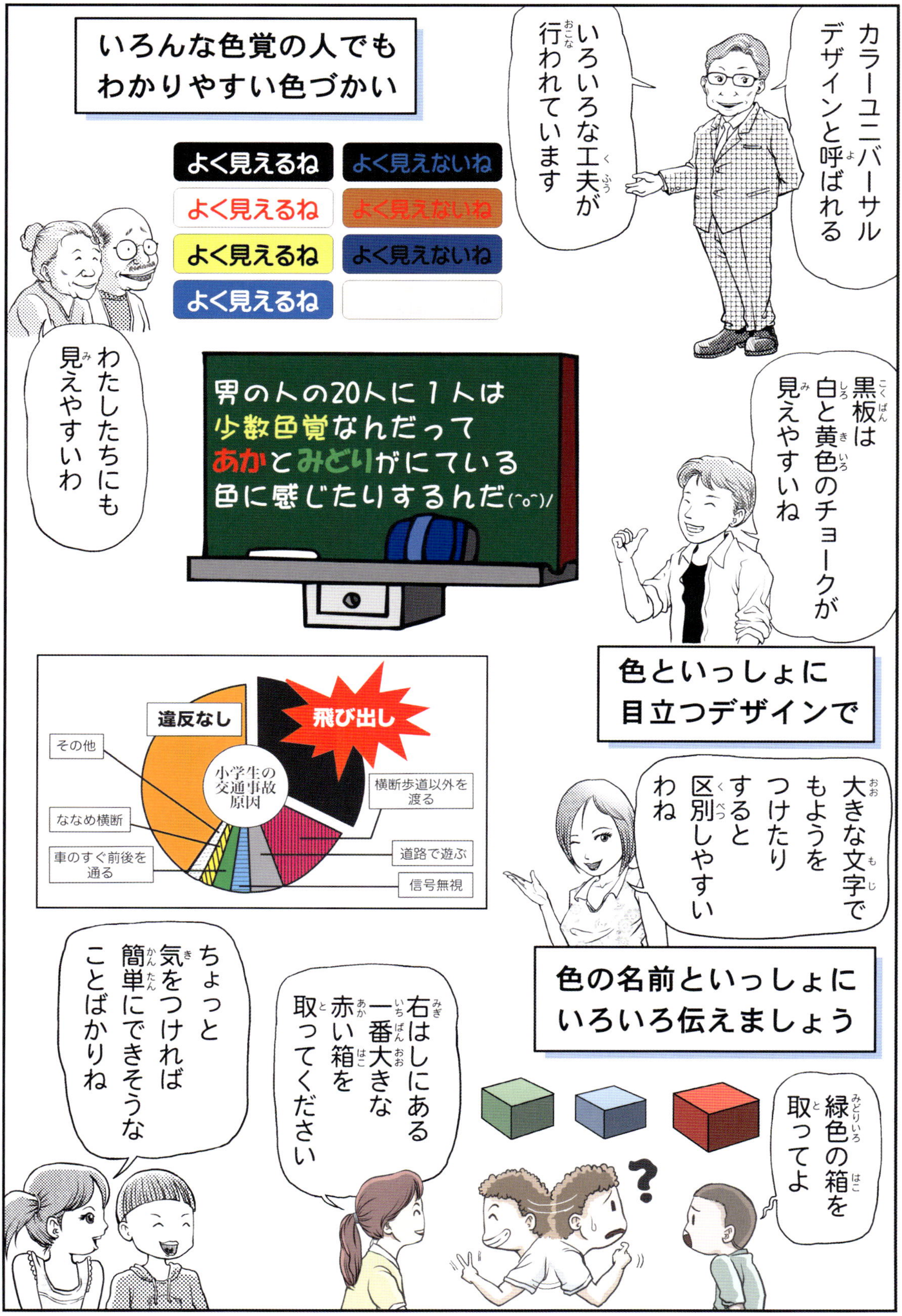
いろんな色覚の人でも
わかりやすい色づかい
カラーユニバーサルデザインと呼《よ》ばれる
いろいろな工夫《くふう》が行《おこな》われています
よく見えるね
よく見えないね
よく見えるね
よく見えないね
よく見えるね
よく見えないね
よく見えるね
わたしたちにも見《み》えやすいわ
黒板《こくばん》は白《しろ》と黄色《きいろ》のチョークが見《み》えやすいね
男の人の20人に1人は
少数色覚なんだって
あかとみどりがにている
色に感じたりするんだ(^o^)/
色といっしょに
目立つデザインで
違反なし
飛び出し
その他
小学生の交通事故原因
横断歩道以外を渡る
ななめ横断
道路で遊ぶ
車のすぐ前後を通る
信号無視
大《おお》きな文字《もじ》でもようをつけたりすると区別《くべつ》しやすいわね
色の名前といっしょに
いろいろ伝えましょう
緑色《みどりいろ》の箱《はこ》を取《と》ってよ
右《みぎ》はしにある一番《いちばん》大《おお》きな赤《あか》い箱《はこ》を取《と》ってください
ちょっと気《き》をつければ簡単《かんたん》にできそうなことばかりね
?

わたしたちの中《なか》にも少数《しょうすう》色覚《しきかく》の人《ひと》がたくさんいるのよね
ぼくたちもいろいろな工夫《くふう》や助《たす》け合《あ》いを心《こころ》がけなきゃいけないね
そうですそういう理解《りかい》が深《ふか》まれば
色覚《しきかく》バリアフリーが実現《じつげん》できるよ
わたしたちの手《て》で…
できることから始《はじ》めよう
いろんな色覚《しきかく》の人《ひと》がともに生《い》きるすばらしさ!色覚《しきかく》だけじゃないねいろんな感《かん》じ方《かた》の人《ひと》がいっしょにいるから楽《たの》しくてすてきな世《よ》の中《なか》なんだ
そのとおりね!
人間《にんげん》っておもしろい!
いろいろがいいのよね

おうちのかたへ

人間《にんげん》には色《いろ》を感《かん》じる色覚《しきかく》があります。色覚《しきかく》は眼《め》の奥《おく》にある錐体《すいたい》という細胞《さいぼう》が光《ひかり》の波長《はちょう》に反応《はんのう》し、脳《のう》にその信号《しんごう》が送《おく》られ発生《はっせい》します。多《おお》くの人《ひと》は錐体《すいたい》を３種類《しゅるい》もっていますが、錐体《すいたい》の感度《かんど》が多《おお》くの人《ひと》と少《すこ》し違《ちが》ったり、錐体《すいたい》の種類《しゅるい》が２種類《しゅるい》だったりする少数色覚《しょうすうしきかく》の人《ひと》（色覚《しきかく》が少数派《しょうすうは》で日本人男性《にほんじんだんせい》の約《やく》２０人《にん》に一人《ひとり》、女性《じょせい》の約《やく》５００人《にん》に一人《ひとり》の割合《わりあい》）もいます。

少数色覚《しょうすうしきかく》は伴性潜性遺伝《はんせいせんせいいでん》という法則《ほうそく》で子孫《しそん》に伝《つた》わります。日本人女性《にほんじんじょせい》の１０人《にん》に一人《ひとり》は少数色覚《しょうすうしきかく》の子《こ》どもが生《う》まれる可能性《かのうせい》のある保因者《ほいんしゃ》です。少数色覚《しょうすうしきかく》はとても多《おお》くの女性《じょせい》にも関係《かんけい》する身近《みぢか》なものです。

色覚の分類

分類			型	錐体 S	錐体 M	錐体 L	桿体	日本人男性の出現率	眼科学会の呼称	
多数色覚（３色覚）			C型	○	○	○	○	約９５％	正常色覚	
先天少数色覚	先天赤緑少数色覚	少数３色覚	P型	○	○	☆	○	P型合計 約1．5％	色覚異常	1型３色覚
			D型	○	☆	○	○			2型３色覚
		２色覚	P型	○	○		○	D型合計 約3．5％		1型２色覚
			D型	○		○	○			2型２色覚
	２色覚		T型		○	○	○	T型 約0．001％以下		3型２色覚
	錐体１色覚		A型	○			○	約0．001％		１色覚
					○		○			
						○	○			
	桿体１色覚						○			

○　＝　機能させている
☆　＝　○とは異なる波長感度をもっている

これまで、少数色覚《しょうすうしきかく》は多数色覚《たすうしきかく》にくらべて劣《おと》ったものだととらえられることが多《おお》くありました。そのため少数色覚者《しょうすうしきかくしゃ》の受《う》け入《い》れを拒否《きょひ》する学校《がっこう》や職場《しょくば》があるなどの人権問題《じんけんもんだい》があり、残念《ざんねん》ながらそれは今《いま》も一部残《いちぶのこ》されています。「検査《けんさ》で早《はや》く少数色覚者《しょうすうしきかくしゃ》を発見《はっけん》し色《いろ》を使《つか》う仕事《しごと》を避《さ》けさせるべきだ」という考《かんが》えもあります。しかし、少数色覚者《しょうすうしきかくしゃ》を拒否《きょひ》する正当《せいとう》な理由《りゆう》が本当《ほんとう》にあるのでしょうか？

現代《げんだい》、人間《にんげん》は身《み》につける服《ふく》の色《いろ》を選《えら》んだり絵《え》に色《いろ》を塗《ぬ》ったり色《いろ》を自由《じゆう》に使《つか》えるようになりました。多数色覚者《たすうしきかくしゃ》を基準《きじゅん》に決《き》められた色《いろ》の名前《なまえ》は少数色覚者《しょうすうしきかくしゃ》にわかりづらいことも確《たし》かにあり、見分《みわ》けるのが難《むずか》しいこともあります。でも、この冊子《さっし》でその逆《ぎゃく》があることもおわかりいただけると思《おも》います。

少数色覚者《しょうすうしきかくしゃ》は年齢《ねんれい》を重《かさ》ねるにつれ自分《じぶん》の色覚《しきかく》をしだいに理解《りかい》し、どうすればよいかを身《み》につけていきます。全国《ぜんこく》に３２０万人《まんにん》もの少数色覚者《しょうすうしきかくしゃ》がいますが、「困《こま》った」という声《こえ》をほとんど聞《き》くことがないのはそのためです。

最近《さいきん》の研究《けんきゅう》で、人間《にんげん》の色覚《しきかく》は人《ひと》によって大《おお》きく異《こと》なる多様性《たようせい》があること、少数色覚《しょうすうしきかく》には多数色覚《たすうしきかく》にはないすぐれた面《めん》もあることなどが明《あき》らかになりました。また、色覚《しきかく》の違《ちが》いによる社会《しゃかい》の壁《かべ》をなくそうとする「色覚《しきかく》バリアフリー」の取《と》り組《く》みも大《おお》きく広《ひろ》がりつつあります。

色覚《しきかく》だけではありません。人《ひと》にはいろいろな多様性《たようせい》があり一人一人《ひとりひとり》みな違《ちが》います。わたしたちは、それらの違《ちが》いをお互《たが》い認《みと》め合《あ》い、助《たす》け合《あ》える、みんなにやさしい社会《しゃかい》づくりをめざしています。

【おことわり】本冊子《ほんさっし》は人権問題《じんけんもんだい》として色覚《しきかく》を考《かんが》える学習資料《がくしゅうしりょう》です。多《おお》くの人《ひと》と異《こと》なる色覚《しきかく》やそれを有《ゆう》する人《ひと》には社会的少数者《しゃかいてきしょうすうしゃ》としての人権問題《じんけんもんだい》があるという考《かんが》え方《かた》から、医学用語《いがくようご》ではなく、特徴《とくちょう》を「少数色覚《しょうすうしきかく》」、人《ひと》を「少数色覚者《しょうすうしきかくしゃ》」と称《しょう》しています。

しきかく学習
カラーメイト
https://color-mate.net/

カラーメイト

製作・著作　しきかく学習カラーメイト（代表　尾家 宏昭）　E-Mail　info@color-mate.net
マンガ　金 孝源＝キム・ヒョウォン（別府大学 文学部 国際言語・文化学科 マンガ・アニメーションコース 専任講師）
脚色協力　田代 しんたろう（別府大学 文学部 国際言語・文化学科 マンガ・アニメーションコース 客員教授）
監修（50音順）　岡部 正隆（東京慈恵会医科大学 解剖学講座 教授、カラーユニバーサルデザイン機構 副理事長）
河村 正二（東京大学 大学院 新領域創成科学研究科 先端生命科学専攻 人類進化システム分野 教授）
齋藤 慈子（武蔵野大学 教育学部 児童教育学科 講師）
高柳 泰世（本郷眼科・神経内科、名古屋市学校医(眼科)会 名誉会長、藤田保健衛生大学医学部公衆衛生学 客員教授）

2017年3月20日初版 2019年6月4日改訂3版 発行

はじめて色覚《しきかく》にであう本《ほん》

色《いろ》って　いろいろ

しきかく学習
カラーメイト

市民図書館
わぁ きれいな 金魚《きんぎょ》！
まっ赤《か》 だね
ええ？ ちょっと オレンジっ ぽいよ
でも 魚《さかな》の スイタイ って あんなに 種類《しゅるい》が あるなんて びっくり だよな
え?!
昨日《きのう》教《おそ》わった シキカクの 話《はなし》ね
色《いろ》を 感《かん》じるって 不思議《ふしぎ》 だよな
自分《じぶん》が見《み》ている色《いろ》が 正《ただ》しいと思《おも》っていたけど ほかの人《ひと》や動物《どうぶつ》と 同《おな》じとはかぎらないんだよな

お兄《にい》さんたち何《なに》話《はな》してるの？
スイタイとかシキカクとか色《いろ》がどうとか…
ああ今《いま》大学《だいがく》で勉強《べんきょう》していることだよ
色《いろ》の見《み》え方《かた》の研究《けんきゅう》をしている先生《せんせい》の授業《じゅぎょう》がとてもおもしろいの
談話室《だんわしつ》
色《いろ》を感《かん》じるのは目《め》のおくにあるすいたい（錐体《すいたい》）というセンサーがあるからなのよ
カメラからの信号《しんごう》でテレビに色《いろ》が映《うつ》るように
テレビカメラ
光
光
光
光
信号《しんごう》
ケーブル
神経《しんけい》
だいい
ろろ
信号
センサーのすいたいで受《う》け取《と》って
色《いろ》は脳《のう》でつくられるのよ

※ゼブラフィッシュ（別名《べつめい》ゼブラダニオ）という体長《たいちょう》5センチほどの魚《さかな》は8種類《しゅるい》のすいたいをもっていることが発見《はっけん》されました

○○ 研究室
おじゃまします
いらっしゃい
ではまず色《いろ》の感《かん》じ方《かた》にちがいがあることを確かめてみようね
それぞれ横《よこ》にならんだ3つ目立《めだ》って見《み》えるのはどれ?
赤
緑
青緑
黄
黄緑
淡い青緑
わたしはどちらもいちばん左《ひだり》が目立《めだ》って見《み》えるわ
ぼくは青緑《あおみどり》が大《おお》きくちがって見《み》えるなぁ
どちらも正解《せいかい》!
多数色覚《たすうしきかく》の人《ひと》は赤が目立《めだ》って見《み》えて少数色覚《しょうすうしきかく》の人《ひと》は青色《あおいろ》が目立《めだ》って見《み》えるとくちょうがあるんだ
同《おな》じ人間《にんげん》でも色《いろ》を見分《みわ》ける感覚《かんかく》にはちがいがあるんだ人数《にんずう》が少《すく》ないからといって少数色覚《しょうすうしきかく》は特別《とくべつ》なことではないんだよ

色《いろ》の見《み》え方《かた》を調《しら》べる検査《けんさ》はないんですか？
こんな検査《けんさ》方法《ほうほう》があるのよけれども…
【仮性同色表《かせいどうしょくひょう》】
色《いろ》のモザイクの中《なか》から数字《すうじ》や記号《きごう》を読《よ》み取《と》ります
【パネルD-15】
15色《しょく》のパネルを色《いろ》の順《じゅん》に並《なら》べます
【アノマロスコープ】
中《なか》の色《いろ》の光《ひかり》をのぞいて判定《はんてい》します
けれども？
検査《けんさ》でわかるのは「ある色《いろ》とほかの色《いろ》を見分《みわ》けられるか」だけで「どのように見《み》えているか」ではないんだよ
そうかぁ
でもセンサーが2つより3つのほうが色《いろ》を多く見分《みわ》けられますよね
…ということは3色型色覚《しょくがたしきかく》のほうが生活《せいかつ》するのに都合《つごう》がいい！
ふふふそれがそうでもないのよ
人間以外《にんげんいがい》の研究《けんきゅう》からいろいろわかってきてるんだ
たとえばおさるさん

※アメリカ大陸《たいりく》の中央部《ちゅうおうぶ》から南《みなみ》アメリカ大陸《たいりく》までの広《ひろ》い地域《ちいき》のこと

もう一《ひと》つ実験《じっけん》絵《え》の中《なか》のどの動物《どうぶつ》が見《み》つけやすいかな？
おさるさんが木《き》の上《うえ》にいるわ
草《くさ》むらに2頭《とう》何《なに》かいるね…
鳥《とり》は1羽《わ》かと思《おも》ったら…
人《ひと》によって見《み》つけやすい動物《どうぶつ》がちがったりするよね
それぞれのタイプにとくいな色分《いろわ》けがあるということですね
実《じつ》はこれまで少数色覚《しょうすうしきかく》の人《ひと》について理解《りかい》されなかったり誤解《ごかい》からいろいろおかしなことが起《お》きてたんだ
病気《びょうき》のように治《なお》そうとしたり
電流《でんりゅう》を流《なが》す治療《ちりょう》をしましょう
病気《びょうき》じゃないんだから治療《ちりょう》なんておかしいよ

※今《いま》は少数色覚《しょうすうしきかく》のお医者《いしゃ》さんやデザイナーや学校《がっこう》の先生《せんせい》もたくさんいます

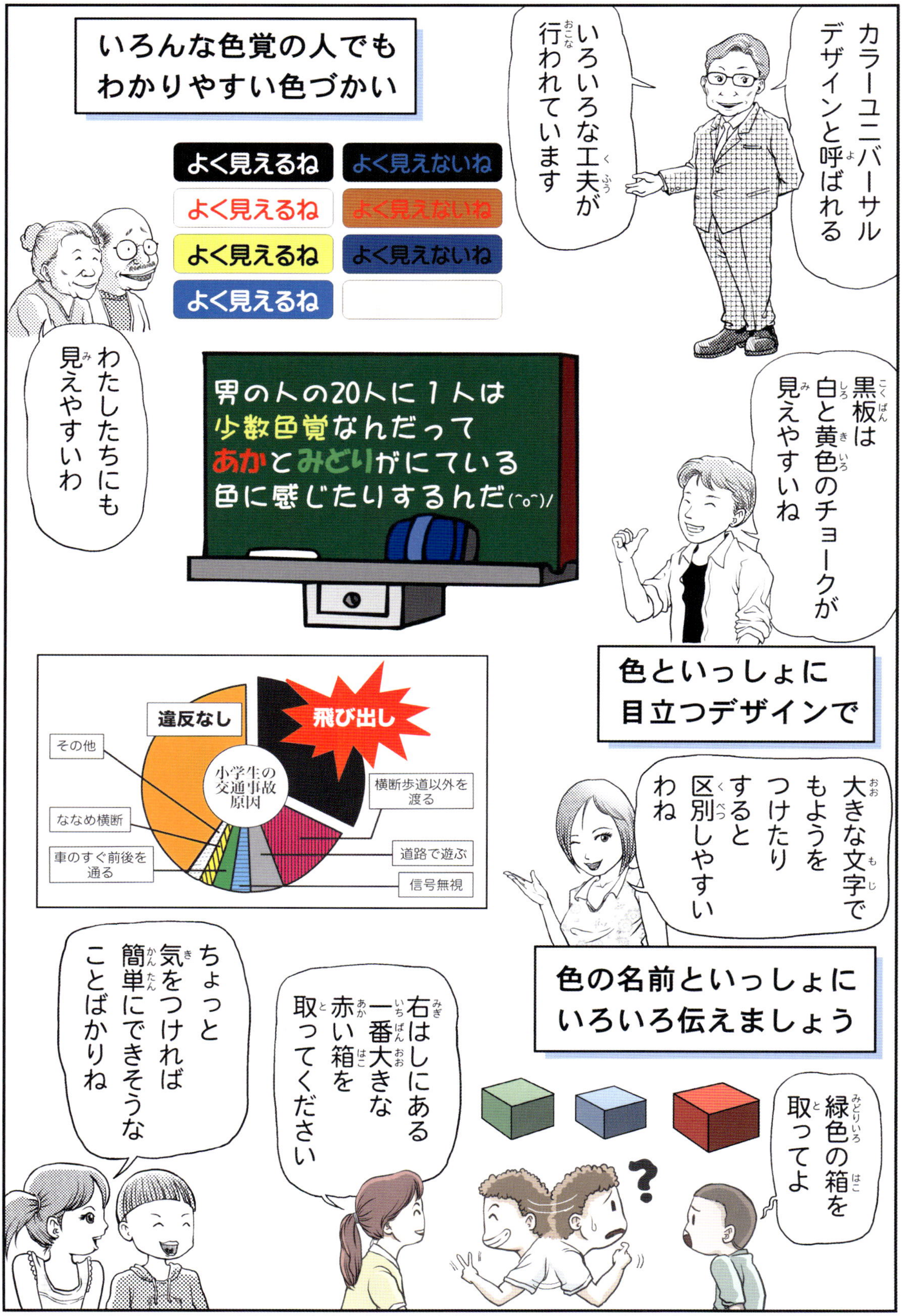
カラーユニバーサルデザインと呼《よ》ばれる
いろいろな工夫《くふう》が行《おこな》われています
いろんな色覚の人でも
わかりやすい色づかい
よく見えるね
よく見えないね
よく見えるね
よく見えないね
よく見えるね
よく見えないね
よく見えるね
わたしたちにも見《み》えやすいわ
男の人の20人に1人は
少数色覚なんだって
あかとみどりがにている
色に感じたりするんだ(^o^)/
黒板《こくばん》は白《しろ》と黄色《きいろ》のチョークが見《み》えやすいね
色といっしょに
目立つデザインで
小学生の交通事故原因
違反なし
飛び出し
その他
ななめ横断
車のすぐ前後を通る
横断歩道以外を渡る
道路で遊ぶ
信号無視
大《おお》きな文字《もじ》でもようをつけたりすると区別《くべつ》しやすいわね
色の名前といっしょに
いろいろ伝えましょう
緑色《みどりいろ》の箱《はこ》を取《と》ってよ
右《みぎ》はしにある一番《いちばん》大《おお》きな赤《あか》い箱《はこ》を取《と》ってください
ちょっと気《き》をつければ簡単《かんたん》にできそうなことばかりね

わたしたちの中《なか》にも少数《しょうすう》色覚《しきかく》の人《ひと》がたくさんいるのよね
ぼくたちもいろいろな工夫《くふう》や助《たす》け合《あ》いを心《こころ》がけなきゃいけないいね
そうですそういう理解《りかい》が深《ふか》まれば
色覚《しきかく》バリアフリーが実現《じつげん》できるよ
できることから始《はじ》めよう
わたしたちの手《て》で…
いろんな色覚《しきかく》の人《ひと》がともに生《い》きるすばらしさ！色覚《しきかく》だけじゃないねいろんな感《かん》じ方《かた》の人《ひと》がいっしょにいるから楽《たの》しくてすてきな世《よ》の中《なか》なんだ
そのとおりね！
人間《にんげん》っておもしろい！
いろいろがいいのよね

おうちのかたへ

人間《にんげん》には色《いろ》を感《かん》じる色覚《しきかく》があります。色覚《しきかく》は眼《め》の奥《おく》にある錐体《すいたい》という細胞《さいぼう》が光《ひかり》の波長《はちょう》に反応《はんのう》し、脳《のう》にその信号《しんごう》が送《おく》られ発生《はっせい》します。多《おお》くの人《ひと》は錐体《すいたい》を３種類《しゅるい》もっていますが、錐体《すいたい》の感度《かんど》が多《おお》くの人《ひと》と少《すこ》し違《ちが》ったり、錐体《すいたい》の種類《しゅるい》が２種類《しゅるい》だったりする少数色覚《しょうすうしきかく》の人《ひと》（色覚《しきかく》が少数《しょうすう》派《は》で日本人男性《にほんじんだんせい》の約《やく》２０人《にん》に一人《ひとり》、女性《じょせい》の約《やく》５００人《にん》に一人《ひとり》の割合《わりあい》）もいます。

色覚の分類

				錐体 S	錐体 M	錐体 L	桿体	日本人男性の出現率	眼科学会の呼称	
多数色覚（３色覚）			C型	○	○	○	○	約９５％	正常色覚	
先天少数色覚	先天赤緑少数色覚	少数３色覚	P型	○	○	☆	○	P型合計 約１．５％	色覚異常	１型３色覚
			D型	○	☆	○	○			２型３色覚
		２色覚	P型	○	○		○	D型合計 約３．５％		１型２色覚
			D型	○		○	○			２型２色覚
	２色覚		T型		○	○	○	T型 約０．００１％以下		３型２色覚
	錐体１色覚		A型	○			○	約０．００１％		１色覚
					○		○			
						○	○			
	桿体１色覚						○			

○　＝　機能させている
☆　＝　○とは異なる波長感度をもっている

少数色覚《しょうすうしきかく》は伴性潜性遺伝《はんせいせんせいいでん》という法則《ほうそく》で子孫《しそん》に伝《つた》わります。日本人女性《にほんじんじょせい》の１０人《にん》に一人《ひとり》は少数色覚《しょうすうしきかく》の子《こ》どもが生《う》まれる可能性《かのうせい》のある保因者《ほいんしゃ》です。少数色覚《しょうすうしきかく》はとても多《おお》くの女性《じょせい》にも関係《かんけい》する身近《みぢか》なものです。

これまで、少数色覚《しょうすうしきかく》は多数色覚《たすうしきかく》にくらべて劣《おと》ったものだととらえられることが多《おお》くありました。そのため少数色覚者《しょうすうしきかくしゃ》の受《う》け入《い》れを拒否《きょひ》する学校《がっこう》や職場《しょくば》があるなどの人権問題《じんけんもんだい》があり、残念《ざんねん》ながらそれは今《いま》も一部残《いちぶのこ》されています。「検査《けんさ》で早《はや》く少数色覚者《しょうすうしきかくしゃ》を発見《はっけん》し色《いろ》を使《つか》う仕事《しごと》を避《さ》けさせるべきだ」という考《かんが》えもあります。しかし、少数色覚者《しょうすうしきかくしゃ》を拒否《きょひ》する正当《せいとう》な理由《りゆう》が本当《ほんとう》にあるのでしょうか？

現代《げんだい》、人間《にんげん》は身《み》につける服《ふく》の色《いろ》を選《えら》んだり絵《え》に色《いろ》を塗《ぬ》ったり色《いろ》を自由《じゆう》に使《つか》えるようになりました。多数色覚者《たすうしきかくしゃ》を基準《きじゅん》に決《き》められた色《いろ》の名前《なまえ》は少数色覚者《しょうすうしきかくしゃ》にわかりづらいことも確《たし》かにあり、見分《みわ》けるのが難《むずか》しいこともあります。でも、この冊子《さっし》でその逆《ぎゃく》があることもおわかりいただけると思《おも》います。

少数色覚者《しょうすうしきかくしゃ》は年齢《ねんれい》を重《かさ》ねるにつれ自分《じぶん》の色覚《しきかく》をしだいに理解《りかい》し、どうすればよいかを身《み》につけていきます。全国《ぜんこく》に３２０万人《まんにん》もの少数色覚者《しょうすうしきかくしゃ》がいますが、「困《こま》った」という声《こえ》をほとんど聞《き》くことがないのはそのためです。

最近《さいきん》の研究《けんきゅう》で、人間《にんげん》の色覚《しきかく》は人《ひと》によって大《おお》きく異《こと》なる多様性《たようせい》があること、少数色覚《しょうすうしきかく》には多数色覚《たすうしきかく》にはないすぐれた面《めん》もあることなどが明《あき》らかになりました。また、色覚《しきかく》の違《ちが》いによる社会《しゃかい》の壁《かべ》をなくそうとする「色覚《しきかく》バリアフリー」の取《と》り組《く》みも大《おお》きく広《ひろ》がりつつあります。

色覚《しきかく》だけではありません。人《ひと》にはいろいろな多様性《たようせい》があり一人一人《ひとりひとり》みな違《ちが》います。わたしたちは、それらの違《ちが》いをお互《たが》い認《みと》め合《あ》い、助《たす》け合《あ》える、みんなにやさしい社会《しゃかい》づくりをめざしています。

【おことわり】本冊子《ほんさっし》は人権問題《じんけんもんだい》として色覚《しきかく》を考《かんが》える学習資料《がくしゅうしりょう》です。多《おお》くの人《ひと》と異《こと》なる色覚《しきかく》やそれを有《ゆう》する人《ひと》には社会的少数者《しやかいてきしょうすうしゃ》としての人権問題《じんけんもんだい》があるという考《かんが》え方《かた》から、医学用語《いがくようご》ではなく、特徴《とくちょう》を「少数色覚《しょうすうしきかく》」、人《ひと》を「少数色覚者《しょうすうしきかくしゃ》」と称《しょう》しています。

しきかく学習
カラーメイト

https://color-mate.net/

カラーメイト

製作・著作　しきかく学習カラーメイト　（代表　尾家 宏昭）　E-Mail　info@color-mate.net
マ ン ガ　金 孝源＝キム・ヒョウォン　（別府大学 文学部 国際言語・文化学科 マンガ・アニメーションコース 専任講師）
脚色協力　田代 しんたろう　（別府大学 文学部 国際言語・文化学科 マンガ・アニメーションコース 客員教授）
監　　修　岡部 正隆　（東京慈恵会医科大学 解剖学講座 教授、カラーユニバーサルデザイン機構 副理事長）
（50音順）　河村 正二　（東京大学 大学院 新領域創成科学研究科 先端生命科学専攻 人類進化システム分野 教授）
齋藤 慈子　（武蔵野大学 教育学部 児童教育学科 講師）
高柳 泰世　（本郷眼科・神経内科、名古屋市学校医(眼科)会 名誉会長、藤田保健衛生大学医学部公衆衛生学 客員教授）

2017年3月20日初版 2019年6月4日改訂3版 発行

はじめて色覚《しきかく》にであう本《ほん》

色《いろ》って　いろいろ

しきかく学習
カラーメイト

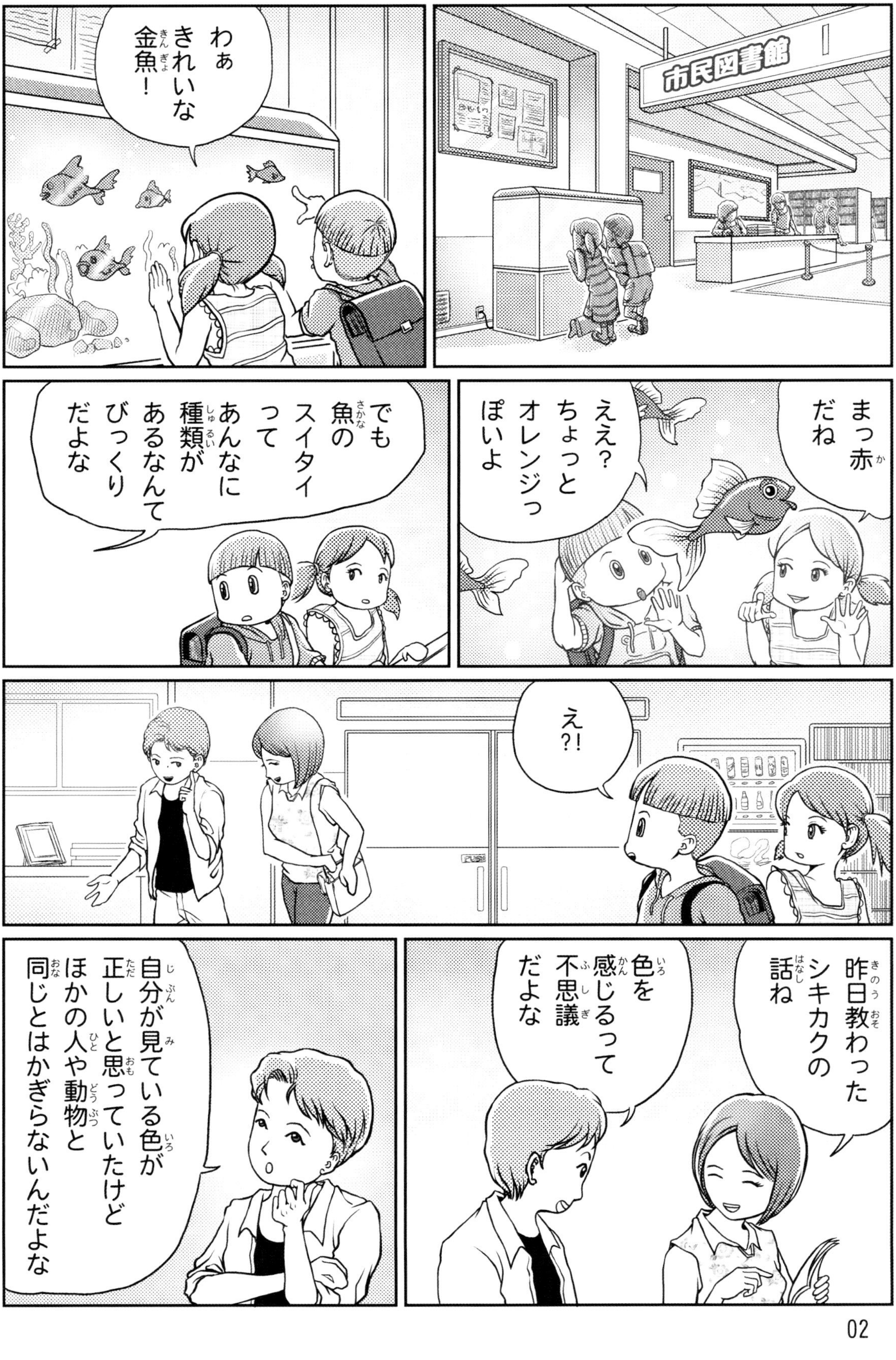
市民図書館
わぁ きれいな 金魚《きんぎょ》！
まっ赤《か》だね
ええ？ちょっとオレンジっぽいよ
でも魚《さかな》のスイタイってあんなに種類《しゅるい》があるなんてびっくりだよな
え?!
昨日《きのう》教《おそ》わったシキカクの話《はなし》ね
色《いろ》を感《かん》じるって不思議《ふしぎ》だよな
自分《じぶん》が見《み》ている色《いろ》が正《ただ》しいと思《おも》っていたけどほかの人《ひと》や動物《どうぶつ》と同《おな》じとはかぎらないんだよな

お兄《にい》さんたち
何話《なにはな》してるの？
スイタイとか
シキカクとか
色《いろ》がどうとか…
ああ
今大学《いまだいがく》で
勉強《べんきょう》している
ことだよ
色《いろ》の見《み》え方《かた》の
研究《けんきゅう》をしている
先生《せんせい》の授業《じゅぎょう》が
とてもおもしろいの
談話室《だんわしつ》
色《いろ》を感《かん》じるのは
目《め》のおくにある
すいたい（錐体《すいたい》）
というセンサーが
あるからなのよ
カメラ
からの
信号《しんごう》で
テレビに
色《いろ》が映《うつ》る
ように
テレビカメラ
光
信号《しんごう》
ケーブル
いろいろだ
神経《しんけい》
信号
センサーの
すいたいで受《う》け取《と》って
色《いろ》は
脳《のう》で
つくられ
るのよ

※ゼブラフィッシュ（別名《べつめい》ゼブラダニオ）という体長《たいちょう》5センチほどの魚《さかな》は8種類《しゅるい》のすいたいをもっていることが発見《はっけん》されました

○○ 研究室
おじゃまします
いらっしゃい
ではまず色《いろ》の感《かん》じ方《かた》にちがいがあることを確かめてみようね
それぞれ横《よこ》にならんだ3つ目立《めだ》って見《み》えるのはどれ？
赤
緑
青緑
黄
黄緑
淡い青緑
わたしはどちらもいちばん左《ひだり》が目立《めだ》って見《み》えるわ
ぼくは青緑《あおみどり》が大《おお》きくちがって見《み》えるなぁ
どちらも正解《せいかい》！
多数色覚《たすうしきかく》の人《ひと》は赤が目立《めだ》って見《み》えて少数色覚《しょうすうしきかく》の人《ひと》は青色《あおいろ》が目立《めだ》って見《み》えるとくちょうがあるんだ
同《おな》じ人間《にんげん》でも色《いろ》を見分《みわ》ける感覚《かんかく》にはちがいがあるんだ人数《にんずう》が少《すく》ないからといって少数色覚《しょうすうしきかく》は特別《とくべつ》なことではないんだよ

色《いろ》の見《み》え方《かた》を調《しら》べる検査《けんさ》はないんですか？
こんな検査《けんさ》方法《ほうほう》があるのよけれども…
【仮性同色表《かせいどうしょくひょう》】
色《いろ》のモザイクの中《なか》から数字《すうじ》や記号《きごう》を読《よ》み取《と》ります
【パネルD-15】
15色《しょく》のパネルを色《いろ》の順《じゅん》に並《なら》べます
【アノマロスコープ】
中《なか》の色《いろ》の光《ひかり》をのぞいて判定《はんてい》します
けれども？
検査《けんさ》でわかるのは「ある色《いろ》とほかの色《いろ》を見分《みわ》けられるか」だけで「どのように、見《み》えているか」ではないんだよ
そうかぁ
でもセンサーが2つより3つのほうが色《いろ》を多く見分《みわ》けられますよね
…ということは3色型色覚《しょくがたしきかく》のほうが生活《せいかつ》するのに都合《つごう》がいい！
ふふふそれがそうでもないのよ
人間以外《にんげんいがい》の研究《けんきゅう》からいろいろわかってきてるんだ
たとえばおさるさん

※アメリカ大陸《たいりく》の中央部《ちゅうおうぶ》から南《みなみ》アメリカ大陸《たいりく》までの広《ひろ》い地域《ちいき》のこと

もう一《ひと》つ実験《じっけん》
絵《え》の中《なか》のどの動物《どうぶつ》が
見《み》つけやすい
かな？
おさるさんが
木《き》の上《うえ》にいるわ
草《くさ》むらに
2頭《とう》
何《なに》かいるね…
鳥《とり》は1羽《わ》かと
思《おも》ったら…
人《ひと》によって
見《み》つけやすい
動物《どうぶつ》が
ちがったり
するよね
それぞれの
タイプに
とくいな色《いろ》分《わ》けが
あるという
ことですね
実《じつ》はこれまで
少数色覚《しょうすうしきかく》の
人《ひと》について
理解《りかい》されなかったり
誤解《ごかい》からいろいろ
おかしなことが
起《お》きてたんだ
病気《びょうき》のように
治《なお》そうとしたり
電流《でんりゅう》を
流《なが》す
治療《ちりょう》を
しましょう
病気《びょうき》じゃ
ないんだから
治療《ちりょう》なんて
おかしいよ

※今《いま》は少数色覚《しょうすうしきかく》のお医者《いしゃ》さんやデザイナーや学校《がっこう》の先生《せんせい》もたくさんいます

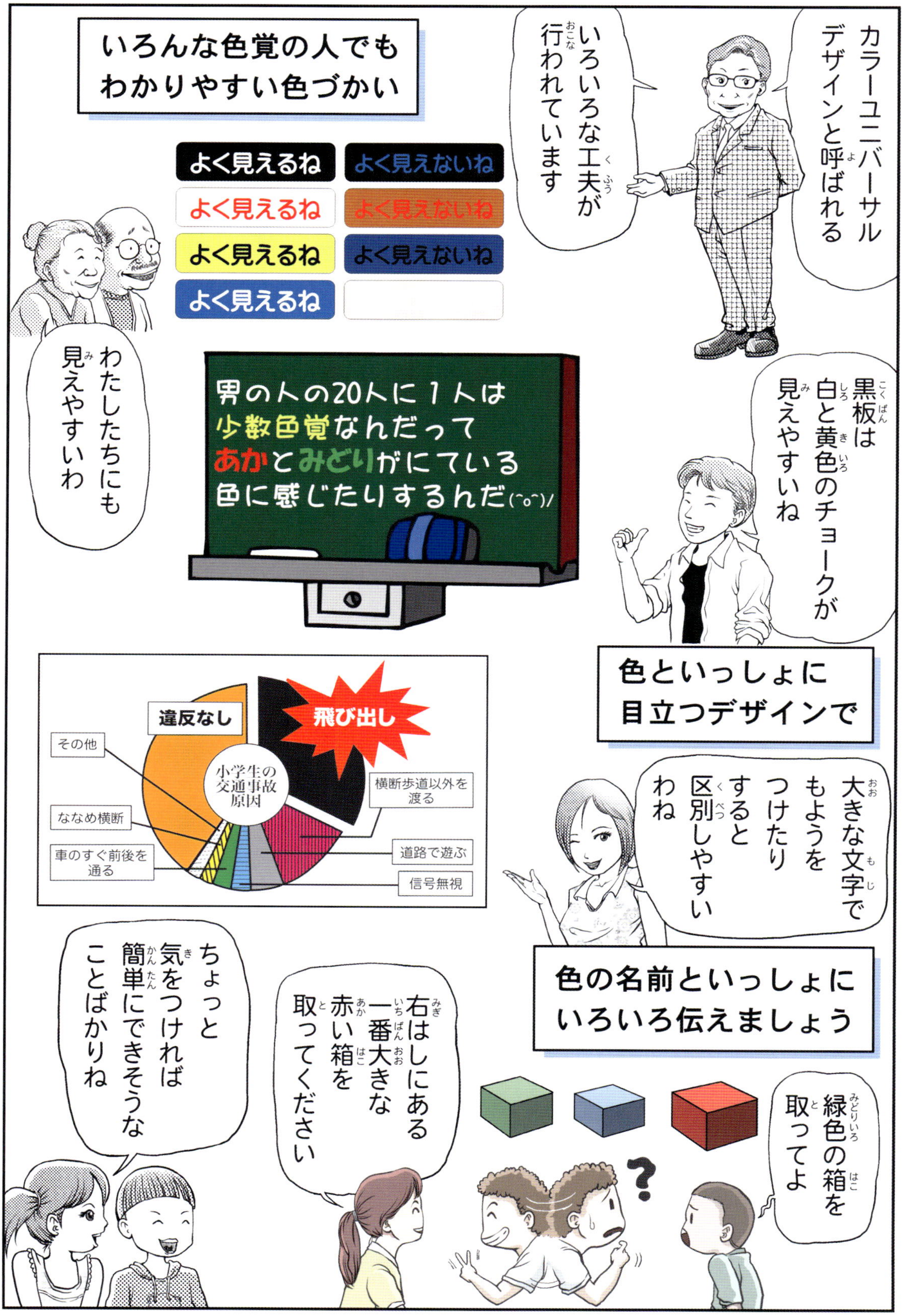
いろんな色覚の人でも
わかりやすい色づかい
カラーユニバーサルデザインと呼《よ》ばれる
いろいろな工夫《くふう》が行《おこな》われています
よく見えるね
よく見えないね
よく見えるね
よく見えないね
よく見えるね
よく見えないね
よく見えるね
わたしたちにも見《み》えやすいわ
男の人の20人に1人は
少数色覚なんだって
あかとみどりがにている
色に感じたりするんだ(^o^)/
黒板《こくばん》は白《しろ》と黄色《きいろ》のチョークが見《み》えやすいね
色といっしょに
目立つデザインで
違反なし
飛び出し
その他
小学生の交通事故原因
横断歩道以外を渡る
ななめ横断
道路で遊ぶ
車のすぐ前後を通る
信号無視
大《おお》きな文字《もじ》でもようをつけたりすると区別《くべつ》しやすいわね
色の名前といっしょに
いろいろ伝えましょう
緑色《みどりいろ》の箱《はこ》を取《と》ってよ
?
右《みぎ》はしにある一番《いちばん》大《おお》きな赤《あか》い箱《はこ》を取《と》ってください
ちょっと気《き》をつければ簡単《かんたん》にできそうなことばかりね

わたしたちの中《なか》にも少数色覚《しょうすうしきかく》の人《ひと》がたくさんいるのよね
ぼくたちもいろいろな工夫《くふう》や助《たす》け合《あ》いを心《こころ》がけなきゃいけないね
そうですそういう理解《りかい》が深《ふか》まれば
色覚《しきかく》バリアフリーが実現《じつげん》できるよ
できることから始《はじ》めよう
わたしたちの手《て》で…
いろんな色覚《しきかく》の人《ひと》がともに生《い》きるすばらしさ！色覚《しきかく》だけじゃないねいろんな感《かん》じ方《かた》の人《ひと》がいっしょにいるから楽《たの》しくてすてきな世《よ》の中《なか》なんだ
そのとおりね！
人間《にんげん》っておもしろい！
いろいろがいいのよね

おうちのかたへ

人間《にんげん》には色《いろ》を感《かん》じる色覚《しきかく》があります。色覚《しきかく》は眼《め》の奥《おく》にある錐体《すいたい》という細胞《さいぼう》が光《ひかり》の波長《はちょう》に反応《はんのう》し、脳《のう》にその信号《しんごう》が送《おく》られ発生《はっせい》します。多《おお》くの人《ひと》は錐体《すいたい》を３種類《しゅるい》もっていますが、錐体《すいたい》の感度《かんど》が多《おお》くの人《ひと》と少《すこ》し違《ちが》ったり、錐体《すいたい》の種類《しゅるい》が２種類《しゅるい》だったりする少数色覚《しょうすうしきかく》の人《ひと》（色覚《しきかく》が少数《しょうすう》派《は》で日本人男性《にほんじんだんせい》の約《やく》２０人《にん》に一人《ひとり》、女性《じょせい》の約《やく》５００人《にん》に一人《ひとり》の割合《わりあい》）もいます。

色覚の分類

				錐体			桿体	日本人男性の出現率	眼科学会の呼称	
				S	M	L				
多数色覚（３色覚）			C型	○	○	○	○	約９５％	正常色覚	
先天少数色覚	先天赤緑少数色覚	少数３色覚	P型	○	○	☆	○	P型合計 約１．５％	色覚異常	１型３色覚
			D型	○	☆	○	○			２型３色覚
		２色覚	P型	○	○		○	D型合計 約３．５％		１型２色覚
			D型	○		○	○			２型２色覚
	２色覚		T型		○	○	○	T型 約０．００１％以下		３型２色覚
	錐体１色覚		A型	○			○	約０．００１％		１色覚
					○		○			
						○	○			
	桿体１色覚						○			

○　＝　機能させている
☆　＝　○とは異なる波長感度をもっている

少数色覚《しょうすうしきかく》は伴性潜性遺伝《はんせいせんせいいでん》という法則《ほうそく》で子孫《しそん》に伝《つた》わります。日本人女《にほんじんじょ》性《せい》の１０人《にん》に一人《ひとり》は少数色覚《しょうすうしきかく》の子《こ》どもが生《う》まれる可能性《かのうせい》のある保因者《ほいんしゃ》です。少数色覚《しょうすうしきかく》はとても多《おお》くの女性《じょせい》にも関係《かんけい》する身近《みぢか》なものです。

これまで、少数色覚《しょうすうしきかく》は多数色覚《たすうしきかく》にくらべて劣《おと》ったものだととらえられることが多《おお》くありました。そのため少数色覚者《しょうすうしきかくしゃ》の受《う》け入《い》れを拒否《きょひ》する学校《がっこう》や職場《しょくば》があるなどの人権問題《じんけんもんだい》があり、残念《ざんねん》ながらそれは今《いま》も一部残《いちぶのこ》されています。「検査《けんさ》で早《はや》く少数色覚者《しょうすうしきかくしゃ》を発見《はっけん》し色《いろ》を使《つか》う仕事《しごと》を避《さ》けさせるべきだ」という考《かんが》えもあります。しかし、少数色覚者《しょうすうしきかくしゃ》を拒否《きょひ》する正当《せいとう》な理由《りゆう》が本当《ほんとう》にあるのでしょうか？

現代《げんだい》、人間《にんげん》は身《み》につける服《ふく》の色《いろ》を選《えら》んだり絵《え》に色《いろ》を塗《ぬ》ったり色《いろ》を自由《じゆう》に使《つか》えるようになりました。多数色覚者《たすうしきかくしゃ》を基準《きじゅん》に決《き》められた色《いろ》の名前《なまえ》は少数色覚者《しょうすうしきかくしゃ》にわかりづらいことも確《たし》かにあり、見分《みわ》けるのが難《むずか》しいこともあります。でも、この冊子《さっし》でその逆《ぎゃく》があることもおわかりいただけると思《おも》います。

少数色覚者《しょうすうしきかくしゃ》は年齢《ねんれい》を重《かさ》ねるにつれ自分《じぶん》の色覚《しきかく》をしだいに理解《りかい》し、どうすればよいかを身《み》につけていきます。全国《ぜんこく》に３２０万人《まんにん》もの少数色覚者《しょうすうしきかくしゃ》がいますが、「困《こま》った」という声《こえ》をほとんど聞《き》くことがないのはそのためです。

最近《さいきん》の研究《けんきゅう》で、人間《にんげん》の色覚《しきかく》は人《ひと》によって大《おお》きく異《こと》なる多様性《たようせい》があること、少数色覚《しょうすうしきかく》には多数色覚《たすうしきかく》にはないすぐれた面《めん》もあることなどが明《あき》らかになりました。また、色覚《しきかく》の違《ちが》いによる社会《しゃかい》の壁《かべ》をなくそうとする「色覚《しきかく》バリアフリー」の取《と》り組《く》みも大《おお》きく広《ひろ》がりつつあります。

色覚《しきかく》だけではありません。人《ひと》にはいろいろな多様性《たようせい》があり一人一人《ひとりひとり》みな違《ちが》います。わたしたちは、それらの違《ちが》いをお互《たが》い認《みと》め合《あ》い、助《たす》け合《あ》える、みんなにやさしい社会《しゃかい》づくりをめざしています。

【おことわり】本冊子《ほんさっし》は人権問題《じんけんもんだい》として色覚《しきかく》を考《かんが》える学習資料《がくしゅうしりょう》です。多《おお》くの人《ひと》と異《こと》なる色覚《しきかく》やそれを有《ゆう》する人《ひと》には社会的少数者《しやかいてきしょうすうしゃ》としての人権問題《じんけんもんだい》があるという考《かんが》え方《かた》から、医学用語《いがくようご》ではなく、特徴《とくちょう》を「少数色覚《しょうすうしきかく》」、人《ひと》を「少数色覚者《しょうすうしきかくしゃ》」と称《しょう》しています。

しきかく学習
カラーメイト
https://color-mate.net/
カラーメイト

製作・著作　しきかく学習カラーメイト　（代表　尾家 宏昭）　E-Mail　info@color-mate.net
マンガ　金 孝源＝キム・ヒョウォン　（別府大学 文学部 国際言語・文化学科 マンガ・アニメーションコース 専任講師）
脚色協力　田代 しんたろう　（別府大学 文学部 国際言語・文化学科 マンガ・アニメーションコース 客員教授）
監修（50音順）　岡部 正隆　（東京慈恵会医科大学 解剖学講座 教授、カラーユニバーサルデザイン機構 副理事長）
河村 正二　（東京大学 大学院 新領域創成科学研究科 先端生命科学専攻 人類進化システム分野 教授）
齋藤 慈子　（武蔵野大学 教育学部 児童教育学科 講師）
高柳 泰世　（本郷眼科・神経内科、名古屋市学校医(眼科)会 名誉会長、藤田保健衛生大学医学部公衆衛生学 客員教授）

2017年3月20日初版 2019年6月4日改訂3版 発行

はじめて色《しき》覚《かく》にであう本《ほん》

色《いろ》って　いろいろ

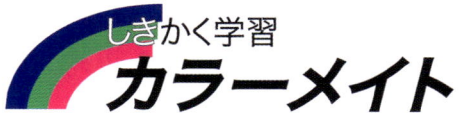

しきかく学習
カラーメイト

市民図書館
わぁ きれいな 金魚《きんぎょ》！
まっ赤《か》だね
ええ? ちょっと オレンジっ ぽいよ
でも 魚《さかな》の スイタイ って あんなに 種類《しゅるい》が あるなんて びっくり だよな
え?!
昨日《きのう》教《おそ》わった シキカクの 話《はなし》ね
色《いろ》を 感《かん》じるって 不思議《ふしぎ》 だよな
自分《じぶん》が見《み》ている色《いろ》が 正《ただ》しいと思《おも》っていたけど ほかの人《ひと》や動物《どうぶつ》と 同《おな》じとはかぎらないんだよな

お兄《にい》さんたち何《なに》話《はな》してるの？
スイタイとかシキカクとか色《いろ》がどうとか…
ああ今《いま》大学《だいがく》で勉強《べんきょう》していることだよ
色《いろ》の見《み》え方《かた》の研究《けんきゅう》をしている先生《せんせい》の授業《じゅぎょう》がとてもおもしろいの
談話室《だんわしつ》
色《いろ》を感《かん》じるのは目《め》のおくにあるすいたい（錐体《すいたい》）というセンサーがあるからなのよ
カメラからの信号《しんごう》でテレビに色《いろ》が映《うつ》るように
テレビカメラ
光
光
光
光
信号《しんごう》
ケーブル
神経《しんけい》
だいいろいろ
信号
センサーのすいたいで受《う》け取《と》って
色《いろ》は脳《のう》でつくられるのよ

※ゼブラフィッシュ（別名《べつめい》ゼブラダニオ）という体長《たいちょう》5センチほどの魚《さかな》は8種類《しゅるい》のすいたいをもっていることが発見《はっけん》されました

○○ 研究室
おじゃまします
いらっしゃい
ではまず色《いろ》の感《かん》じ方《かた》にちがいがあることを確かめてみようね
赤
緑
青緑
黄
黄緑
淡い青緑
それぞれ横《よこ》にならんだ3つ目立《めだ》って見《み》えるのはどれ？
わたしはどちらもいちばん左《ひだり》が目立《めだ》って見《み》えるわ
ぼくは青緑《あおみどり》が大《おお》きくちがって見《み》えるなぁ
どちらも正解《せいかい》！
多数色覚《たすうしきかく》の人《ひと》は赤が目立《めだ》って見《み》えて少数色覚《しょうすうしきかく》の人《ひと》は青色《あおいろ》が目立《めだ》って見《み》えるとくちょうがあるんだ
同《おな》じ人間《にんげん》でも色《いろ》を見分《みわ》ける感覚《かんかく》にはちがいがあるんだ人数《にんずう》が少《すく》ないからといって少数色覚《しょうすうしきかく》は特別《とくべつ》なことではないんだよ

色《いろ》の見《み》え方《かた》を調《しら》べる検査《けんさ》はないんですか？
こんな検査方法《けんさほうほう》があるのよけれども…
【仮性同色表《かせいどうしょくひょう》】
色《いろ》のモザイクの中《なか》から数字《すうじ》や記号《きごう》を読《よ》み取《と》ります
【パネルD-15】
15色《しょく》のパネルを色《いろ》の順《じゅん》に並《なら》べます
【アノマロスコープ】
中《なか》の色《いろ》の光《ひかり》をのぞいて判定《はんてい》します
けれども？
検査《けんさ》でわかるのは「ある色《いろ》とほかの色《いろ》を見分《みわ》けられるか」だけで「どのように、見《み》えているか」ではないんだよ
そうかぁ
でもセンサーが2つより3つのほうが色《いろ》を多く見分《みわ》けられますよね
…ということは3色型色覚《しょくがたしきかく》のほうが生活《せいかつ》するのに都合《つごう》がいい！
ふふふそれがそうでもないのよ
人間以外《にんげんいがい》の研究《けんきゅう》からいろいろわかってきてるんだ
たとえばおさるさん

※アメリカ大陸《たいりく》の中央部《ちゅうおうぶ》から南《みなみ》アメリカ大陸《たいりく》までの広《ひろ》い地域《ちいき》のこと

もう一《ひと》つ実験《じっけん》 絵《え》の中《なか》のどの動物《どうぶつ》が 見《み》つけやすいかな？
おさるさんが 木《き》の上《うえ》にいるわ
草《くさ》むらに 2頭《とう》 何《なに》かいるね…
鳥《とり》は1羽《わ》かと 思《おも》ったら…
人《ひと》によって 見《み》つけやすい 動物《どうぶつ》が ちがったり するよね
それぞれの タイプに とくいな色分《いろわ》けが あるということですね
実《じつ》はこれまで 少数色覚《しょうすうしきかく》の 人《ひと》について 理解《りかい》されなかったり 誤解《ごかい》からいろいろ おかしなことが 起《お》きてたんだ
病気《びょうき》のように 治《なお》そうとしたり
電流《でんりゅう》を 流《なが》す 治療《ちりょう》を しましょう
病気《びょうき》じゃ ないんだから 治療《ちりょう》なんて おかしいよ

※今《いま》は少数色覚《しょうすうしきかく》のお医者《いしゃ》さんやデザイナーや学校《がっこう》の先生《せんせい》もたくさんいます

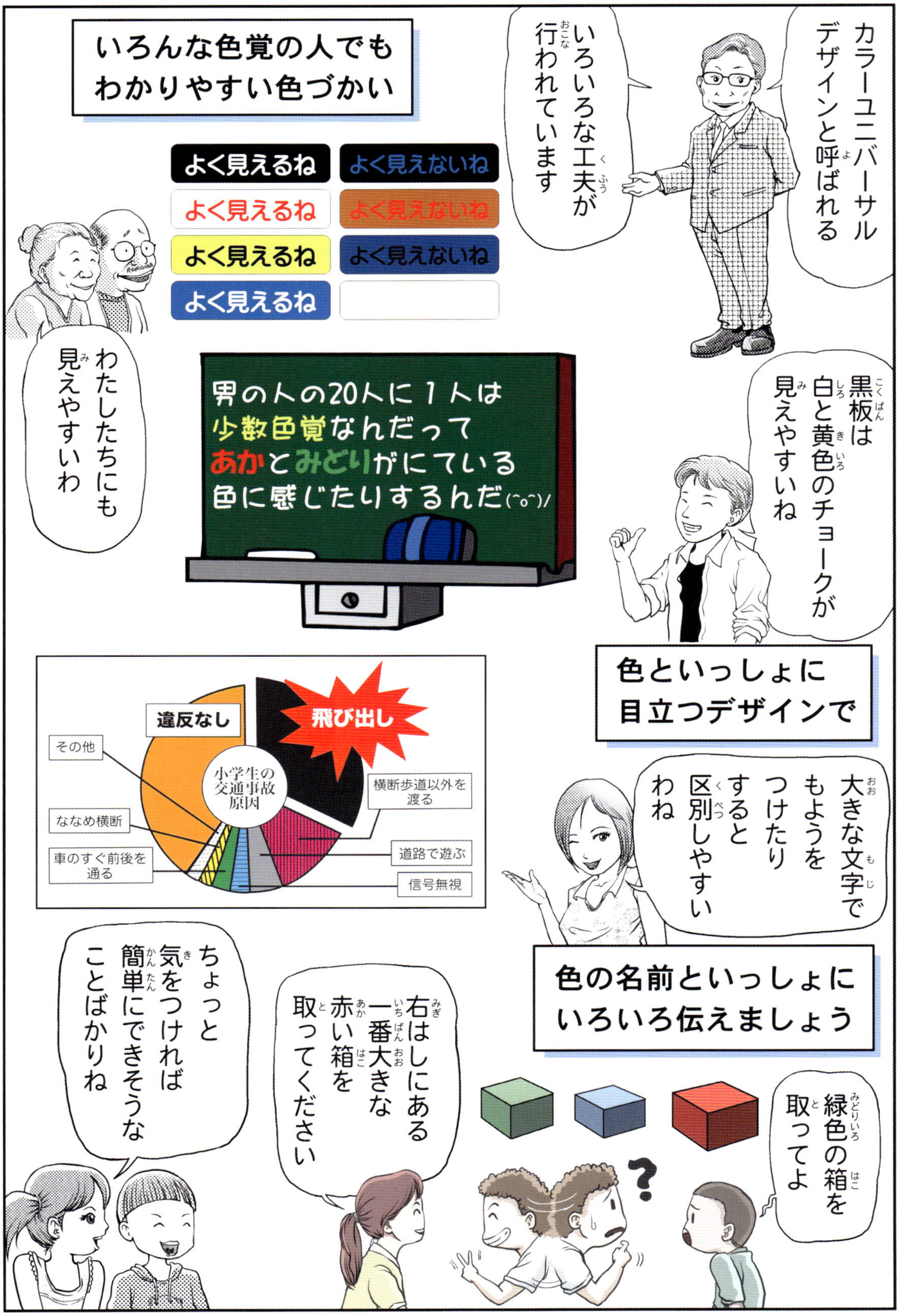

カラーユニバーサルデザインと呼《よ》ばれる
いろいろな工夫《くふう》が行《おこな》われています
いろんな色覚の人でもわかりやすい色づかい
よく見えるね
よく見えないね
よく見えるね
よく見えないね
よく見えるね
よく見えないね
よく見えるね
わたしたちにも見《み》えやすいわ
男の人の20人に1人は少数色覚なんだってあかとみどりがにている色に感じたりするんだ(^o^)/
黒板《こくばん》は白《しろ》と黄色《きいろ》のチョークが見《み》えやすいね
色といっしょに目立つデザインで
大《おお》きな文字《もじ》でもようをつけたりすると区別《くべつ》しやすいわね
飛び出し
違反なし
小学生の交通事故原因
その他
横断歩道以外を渡る
ななめ横断
道路で遊ぶ
車のすぐ前後を通る
信号無視
色の名前といっしょにいろいろ伝えましょう
緑色《みどりいろ》の箱《はこ》を取《と》ってよ
?
右《みぎ》はしにある一番《いちばん》大《おお》きな赤《あか》い箱《はこ》を取《と》ってください
ちょっと気《き》をつければ簡単《かんたん》にできそうなことばかりね

わたしたちの中《なか》にも少数《しょうすう》色覚《しきかく》の人《ひと》がたくさんいるのよね
ぼくたちもいろいろな工夫《くふう》や助《たす》け合《あ》いを心《こころ》がけなきゃいけないね
そうですそういう理解《りかい》が深《ふか》まれば
色覚《しきかく》バリアフリーが実現《じつげん》できるよ
わたしたちの手《て》で…
できることから始《はじ》めよう
いろんな色覚《しきかく》の人《ひと》がともに生《い》きるすばらしさ！色覚《しきかく》だけじゃないねいろんな感《かん》じ方《かた》の人《ひと》がいっしょにいるから楽《たの》しくてすてきな世《よ》の中《なか》なんだ
そのとおりね！
人間《にんげん》っておもしろい！
いろいろがいいのよね

おうちのかたへ

人間《にんげん》には色《いろ》を感《かん》じる色覚《しきかく》があります。色覚《しきかく》は眼《め》の奥《おく》にある錐体《すいたい》という細胞《さいぼう》が光《ひかり》の波長《はちょう》に反応《はんのう》し、脳《のう》にその信号《しんごう》が送《おく》られ発生《はっせい》します。多《おお》くの人《ひと》は錐体《すいたい》を３種類《しゅるい》もっていますが、錐体《すいたい》の感度《かんど》が多《おお》くの人《ひと》と少《すこ》し違《ちが》ったり、錐体《すいたい》の種類《しゅるい》が２種類《しゅるい》だったりする少数色覚《しょうすうしきかく》の人《ひと》（色覚《しきかく》が少数派《しょうすうは》で日本人男性《にほんじんだんせい》の約《やく》２０人《にん》に一人《ひとり》、女性《じょせい》の約《やく》５００人《にん》に一人《ひとり》の割合《わりあい》）もいます。

色覚の分類

<table>
<tr><th colspan="4" rowspan="2"></th><th colspan="3">錐体</th><th rowspan="2">桿体</th><th rowspan="2">日本人男性の出現率</th><th colspan="2" rowspan="2">眼科学会の呼称</th></tr>
<tr><th>S</th><th>M</th><th>L</th></tr>
<tr><td colspan="3">多数色覚（３色覚）</td><td>C型</td><td>○</td><td>○</td><td>○</td><td>○</td><td>約９５％</td><td colspan="2">正常色覚</td></tr>
<tr><td rowspan="9">先天少数色覚</td><td rowspan="4">先天赤緑少数色覚</td><td rowspan="2">少数3色覚</td><td>P型</td><td>○</td><td>○</td><td>☆</td><td>○</td><td rowspan="4">P型合計 約1．5％
D型合計 約3．5％</td><td rowspan="9">色覚異常</td><td>1型3色覚</td></tr>
<tr><td>D型</td><td>○</td><td>☆</td><td>○</td><td>○</td><td>2型3色覚</td></tr>
<tr><td rowspan="2">2色覚</td><td>P型</td><td>○</td><td>○</td><td></td><td>○</td><td>1型2色覚</td></tr>
<tr><td>D型</td><td>○</td><td></td><td>○</td><td>○</td><td>2型2色覚</td></tr>
<tr><td colspan="2">2色覚</td><td>T型</td><td></td><td>○</td><td>○</td><td>○</td><td>T型 約0．001％以下</td><td>3型2色覚</td></tr>
<tr><td colspan="2" rowspan="3">錐体1色覚</td><td rowspan="4">A型</td><td>○</td><td></td><td></td><td>○</td><td rowspan="4">約0．001％</td><td rowspan="4">1色覚</td></tr>
<tr><td></td><td>○</td><td></td><td>○</td></tr>
<tr><td></td><td></td><td>○</td><td>○</td></tr>
<tr><td colspan="2">桿体1色覚</td><td></td><td></td><td></td><td>○</td></tr>
</table>

○ ＝ 機能させている
☆ ＝ ○とは異なる波長感度をもっている

少数色覚《しょうすうしきかく》は伴性潜性遺伝《はんせいせんせいいでん》という法則《ほうそく》で子孫《しそん》に伝《つた》わります。日本人女性《にほんじんじょせい》の１０人《にん》に一人《ひとり》は少数色覚《しょうすうしきかく》の子《こ》どもが生《う》まれる可能性《かのうせい》のある保因者《ほいんしゃ》です。少数色覚《しょうすうしきかく》はとても多《おお》くの女性《じょせい》にも関係《かんけい》する身近《みぢか》なものです。

これまで、少数色覚《しょうすうしきかく》は多数色覚《たすうしきかく》にくらべて劣《おと》ったものだととらえられることが多《おお》くありました。そのため少数色覚者《しょうすうしきかくしゃ》の受《う》け入《い》れを拒否《きょひ》する学校《がっこう》や職場《しょくば》があるなどの人権問題《じんけんもんだい》があり、残念《ざんねん》ながらそれは今《いま》も一部残《いちぶのこ》されています。「検査《けんさ》で早《はや》く少数色覚者《しょうすうしきかくしゃ》を発見《はっけん》し色《いろ》を使《つか》う仕事《しごと》を避《さ》けさせるべきだ」という考《かんが》えもあります。しかし、少数色覚者《しょうすうしきかくしゃ》を拒否《きょひ》する正当《せいとう》な理由《りゆう》が本当《ほんとう》にあるのでしょうか？

現代《げんだい》、人間《にんげん》は身《み》につける服《ふく》の色《いろ》を選《えら》んだり絵《え》に色《いろ》を塗《ぬ》ったり色《いろ》を自由《じゆう》に使《つか》えるようになりました。多数色覚者《たすうしきかくしゃ》を基準《きじゅん》に決《き》められた色《いろ》の名前《なまえ》は少数色覚者《しょうすうしきかくしゃ》にわかりづらいことも確《たし》かにあり、見分《みわ》けるのが難《むずか》しいこともあります。でも、この冊子《さっし》でその逆《ぎゃく》があることもおわかりいただけると思《おも》います。

少数色覚者《しょうすうしきかくしゃ》は年齢《ねんれい》を重《かさ》ねるにつれ自分《じぶん》の色覚《しきかく》をしだいに理解《りかい》し、どうすればよいかを身《み》につけていきます。全国《ぜんこく》に３２０万人《まんにん》もの少数色覚者《しょうすうしきかくしゃ》がいますが、「困《こま》った」という声《こえ》をほとんど聞《き》くことがないのはそのためです。

最近《さいきん》の研究《けんきゅう》で、人間《にんげん》の色覚《しきかく》は人《ひと》によって大《おお》きく異《こと》なる多様性《たようせい》があること、少数色覚《しょうすうしきかく》には多数色覚《たすうしきかく》にはないすぐれた面《めん》もあることなどが明《あき》らかになりました。また、色覚《しきかく》の違《ちが》いによる社会《しゃかい》の壁《かべ》をなくそうとする「色覚《しきかく》バリアフリー」の取《と》り組《く》みも大《おお》きく広《ひろ》がりつつあります。

色覚《しきかく》だけではありません。人《ひと》にはいろいろな多様性《たようせい》があり一人一人《ひとりひとり》みな違《ちが》います。わたしたちは、それらの違《ちが》いをお互《たが》い認《みと》め合《あ》い、助《たす》け合《あ》える、みんなにやさしい社会《しゃかい》づくりをめざしています。

【おことわり】本冊子《ほんさっし》は人権問題《じんけんもんだい》として色覚《しきかく》を考《かんが》える学習資料《がくしゅうしりょう》です。多《おお》くの人《ひと》と異《こと》なる色覚《しきかく》やそれを有《ゆう》する人《ひと》には社会的少数者《しゃかいてきしょうすうしゃ》としての人権問題《じんけんもんだい》があるという考《かんが》え方《かた》から、医学用語《いがくようご》ではなく、特徴《とくちょう》を「少数色覚《しょうすうしきかく》」、人《ひと》を「少数色覚者《しょうすうしきかくしゃ》」と称《しょう》しています。

しきかく学習 カラーメイト
https://color-mate.net/
カラーメイト

製作・著作　しきかく学習カラーメイト（代表　尾家 宏昭）　E-Mail　info@color-mate.net
マンガ　金 孝源＝キム・ヒョウォン（別府大学 文学部 国際言語・文化学科 マンガ・アニメーションコース 専任講師）
脚色協力　田代 しんたろう（別府大学 文学部 国際言語・文化学科 マンガ・アニメーションコース 客員教授）
監修（50音順）　岡部 正隆（東京慈恵会医科大学 解剖学講座 教授、カラーユニバーサルデザイン機構 副理事長）
河村 正二（東京大学 大学院 新領域創成科学研究科 先端生命科学専攻 人類進化システム分野 教授）
齋藤 慈子（武蔵野大学 教育学部 児童教育学科 講師）
高柳 泰世（本郷眼科・神経内科、名古屋市学校医(眼科)会 名誉会長、藤田保健衛生大学医学部公衆衛生学 客員教授）

2017年3月20日初版 2019年6月4日改訂3版 発行

はじめて色覚《しきかく》にであう本《ほん》

色《いろ》って　いろいろ

しきかく学習
カラーメイト

市民図書館
わぁ
きれいな
金魚《きんぎょ》！
まっ赤《か》だね
ええ？ちょっとオレンジっぽいよ
でも魚《さかな》のスイタイってあんなに種類《しゅるい》があるなんてびっくりだよな
え?!
昨日《きのう》教《おそ》わったシキカクの話《はなし》ね
色《いろ》を感《かん》じるって不思議《ふしぎ》だよな
自分《じぶん》が見《み》ている色《いろ》が正《ただ》しいと思《おも》っていたけどほかの人《ひと》や動物《どうぶつ》と同《おな》じとはかぎらないんだよな

お兄《にい》さんたち 何《なに》話《はな》してるの?
スイタイとか シキカクとか 色《いろ》がどうとか…
ああ 今《いま》大《だい》学《がく》で 勉強《べんきょう》している ことだよ
色《いろ》の見《み》え方《かた》の 研究《けんきゅう》をしている 先生《せんせい》の授業《じゅぎょう》が とてもおもしろいの
談話室《だんわしつ》
色《いろ》を感《かん》じるのは 目《め》のおくにある すいたい（錐体《すいたい》） というセンサーが あるからなのよ
カメラ からの 信号《しんごう》で テレビに 色《いろ》が映《うつ》る ように
テレビカメラ
信号《しんごう》
光
光
光
光
ケーブル
神経《しんけい》
いろいろだ
信号
センサーの すいたいで受《う》け取《と》って
色《いろ》は 脳《のう》で つくられ るのよ

※ゼブラフィッシュ（別名《べつめい》ゼブラダニオ）という体長《たいちょう》5センチほどの魚《さかな》は8種類《しゅるい》のすいたいをもっていることが発見《はっけん》されました

○○ 研究室
おじゃまします
いらっしゃい
ではまず色《いろ》の感《かん》じ方《かた》にちがいがあることを確かめてみようね
それぞれ横《よこ》にならんだ3つ目立《めだ》って見《み》えるのはどれ?
赤
緑
青緑
黄
黄緑
淡い青緑
わたしはどちらもいちばん左《ひだり》が目立《めだ》って見《み》えるわ
ぼくは青緑《あおみどり》が大《おお》きくちがって見《み》えるなぁ
どちらも正解《せいかい》!
多数色覚《たすうしきかく》の人《ひと》は赤が目立《めだ》って見《み》えて少数色覚《しょうすうしきかく》の人《ひと》は青色《あおいろ》が目立《めだ》って見《み》えるとくちょうがあるんだ
同《おな》じ人間《にんげん》でも色《いろ》を見分《みわ》ける感覚《かんかく》にはちがいがあるんだ人数《にんずう》が少《すく》ないからといって少数色覚《しょうすうしきかく》は特別《とくべつ》なことではないんだよ

色《いろ》の見《み》え方《かた》を調《しら》べる検査《けんさ》はないんですか？
こんな検査《けんさ》方法《ほうほう》があるのよけれども…
【仮性同色表《かせいどうしょくひょう》】
色《いろ》のモザイクの中《なか》から数字《すうじ》や記号《きごう》を読《よ》み取《と》ります
【パネルD-15】
15色《しょく》のパネルを色《いろ》の順《じゅん》に並《なら》べます
【アノマロスコープ】
中《なか》の色《いろ》の光《ひかり》をのぞいて判定《はんてい》します
けれども？
検査《けんさ》でわかるのは「ある色《いろ》とほかの色《いろ》を見分《みわ》けられるか」だけで「どのように見《み》えているか」ではないんだよ
そうかぁ
でもセンサーが2つより3つのほうが色《いろ》を多く見分《みわ》けられますよね
…ということは3色型《しょくがた》色覚《しきかく》のほうが生活《せいかつ》するのに都合《つごう》がいい！
ふふふそれがそうでもないのよ
人間《にんげん》以外《いがい》の研究《けんきゅう》からいろいろわかってきてるんだ
たとえばおさるさん

※アメリカ大陸《たいりく》の中央部《ちゅうおうぶ》から南《みなみ》アメリカ大陸《たいりく》までの広《ひろ》い地域《ちいき》のこと

もう一《ひと》つ実験《じっけん》絵《え》の中《なか》のどの動物《どうぶつ》が見《み》つけやすいかな？
おさるさんが木《き》の上《うえ》にいるわ
草《くさ》むらに2頭《とう》何《なに》かいるね…
鳥《とり》は1羽《わ》かと思《おも》ったら…
人《ひと》によって見《み》つけやすい動物《どうぶつ》がちがったりするよね
それぞれのタイプにとくいな色分《いろわ》けがあるということですね
実《じつ》はこれまで少数色覚《しょうすうしきかく》の人《ひと》について理解《りかい》されなかったり誤解《ごかい》からいろいろおかしなことが起《お》きてたんだ
病気《びょうき》のように治《なお》そうとしたり
電流《でんりゅう》を流《なが》す治療《ちりょう》をしましょう
病気《びょうき》じゃないんだから治療《ちりょう》なんておかしいよ

※今《いま》は少数色覚《しょうすうしきかく》のお医者《いしゃ》さんやデザイナーや学校《がっこう》の先生《せんせい》もたくさんいます

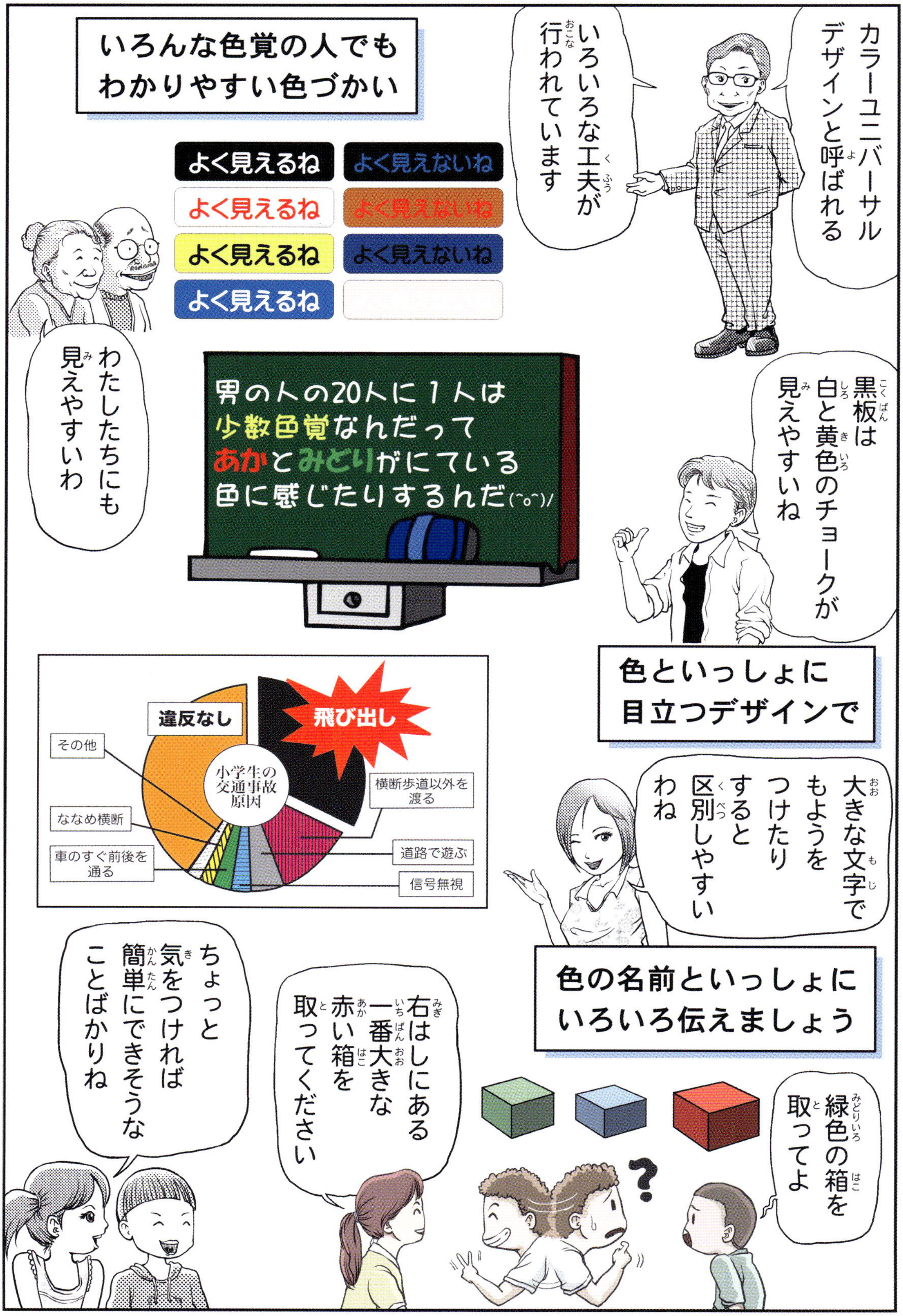
カラーユニバーサルデザインと呼《よ》ばれる
いろいろな工夫《くふう》が行《おこな》われています
いろんな色覚の人でもわかりやすい色づかい
よく見えるね
よく見えないね
よく見えるね
よく見えないね
よく見えるね
よく見えないね
よく見えるね
わたしたちにも見《み》えやすいわ
男の人の20人に1人は
少数色覚なんだって
あかとみどりがにている
色に感じたりするんだ(^o^)/
黒板《こくばん》は白《しろ》と黄色《きいろ》のチョークが見《み》えやすいね
色といっしょに目立つデザインで
違反なし
飛び出し
その他
小学生の交通事故原因
横断歩道以外を渡る
ななめ横断
道路で遊ぶ
車のすぐ前後を通る
信号無視
大《おお》きな文字《もじ》でもようをつけたりすると区別《くべつ》しやすいわね
色の名前といっしょにいろいろ伝えましょう
緑色《みどりいろ》の箱《はこ》を取《と》ってよ
?
右《みぎ》はしにある一番《いちばん》大《おお》きな赤《あか》い箱《はこ》を取《と》ってください
ちょっと気《き》をつければ簡単《かんたん》にできそうなことばかりね

わたしたちの中《なか》にも少数色覚《しょうすうしきかく》の人《ひと》がたくさんいるのよね
ぼくたちもいろいろな工夫《くふう》や助《たす》け合《あ》いを心《こころ》がけなきゃいけないね
そうですそういう理解《りかい》が深《ふか》まれば
色覚《しきかく》バリアフリーが実現《じつげん》できるよ
わたしたちの手《て》で…
できることから始《はじ》めよう
いろんな色覚《しきかく》の人《ひと》がともに生《い》きるすばらしさ！色覚《しきかく》だけじゃないねいろんな感《かん》じ方《かた》の人《ひと》がいっしょにいるから楽《たの》しくてすてきな世《よ》の中《なか》なんだ
そのとおりね！
人間《にんげん》っておもしろい！
いろいろがいいのよね

おうちのかたへ

人間《にんげん》には色《いろ》を感《かん》じる色覚《しきかく》があります。色覚《しきかく》は眼《め》の奥《おく》にある錐体《すいたい》という細胞《さいぼう》が光《ひかり》の波長《はちょう》に反応《はんのう》し、脳《のう》にその信号《しんごう》が送《おく》られ発生《はっせい》します。多《おお》くの人《ひと》は錐体《すいたい》を３種類《しゅるい》もっていますが、錐体《すいたい》の感度《かんど》が多《おお》くの人《ひと》と少《すこ》し違《ちが》ったり、錐体《すいたい》の種類《しゅるい》が２種類《しゅるい》だったりする少数色覚《しょうすうしきかく》の人《ひと》（色覚《しきかく》が少数《しょうすう》派《は》で日本人男性《にほんじんだんせい》の約《やく》２０人《にん》に一人《ひとり》、女性《じょせい》の約《やく》５００人《にん》に一人《ひとり》の割合《わりあい》）もいます。

少数色覚《しょうすうしきかく》は伴性潜性遺伝《はんせいせんせいいでん》という法則《ほうそく》で子孫《しそん》に伝《つた》わります。日本人女性《にほんじんじょせい》の１０人《にん》に一人《ひとり》は少数色覚《しょうすうしきかく》の子《こ》どもが生《う》まれる可能性《かのうせい》のある保因者《ほいんしゃ》です。少数色覚《しょうすうしきかく》はとても多《おお》くの女性《じょせい》にも関係《かんけい》する身近《みぢか》なものです。

色覚の分類

色覚の分類				錐体 S	錐体 M	錐体 L	桿体	日本人男性の出現率	眼科学会の呼称	
多数色覚（３色覚）			C型	○	○	○	○	約９５％	正常色覚	
先天少数色覚	先天赤緑少数色覚	少数３色覚	P型	○	○	☆	○	P型合計 約1．5％	色覚異常	1型3色覚
			D型	○	☆	○	○	D型合計 約3．5％		2型3色覚
		２色覚	P型	○	○		○	P型合計 約1．5％		1型2色覚
			D型	○		○	○	D型合計 約3．5％		2型2色覚
	２色覚		T型		○	○	○	T型 約0．001％以下		3型2色覚
	錐体１色覚		A型	○			○	約0．001％		1色覚
					○		○			
						○	○			
	桿体１色覚						○			

○　＝　機能させている
☆　＝　○とは異なる波長感度をもっている

これまで、少数色覚《しょうすうしきかく》は多数色覚《たすうしきかく》にくらべて劣《おと》ったものだととらえられることが多《おお》くありました。そのため少数色覚者《しょうすうしきかくしゃ》の受《う》け入《い》れを拒否《きょひ》する学校《がっこう》や職場《しょくば》があるなどの人権問題《じんけんもんだい》があり、残念《ざんねん》ながらそれは今《いま》も一部《いちぶ》残《のこ》されています。「検査《けんさ》で早《はや》く少数色覚者《しょうすうしきかくしゃ》を発見《はっけん》し色《いろ》を使《つか》う仕事《しごと》を避《さ》けさせるべきだ」という考《かんが》えもあります。しかし、少数色覚者《しょうすうしきかくしゃ》を拒否《きょひ》する正当《せいとう》な理由《りゆう》が本当《ほんとう》にあるのでしょうか？

現代《げんだい》、人間《にんげん》は身《み》につける服《ふく》の色《いろ》を選《えら》んだり絵《え》に色《いろ》を塗《ぬ》ったり色《いろ》を自由《じゆう》に使《つか》えるようになりました。多数色覚者《たすうしきかくしゃ》を基準《きじゅん》に決《き》められた色《いろ》の名前《なまえ》は少数色覚者《しょうすうしきかくしゃ》にわかりづらいことも確《たし》かにあり、見分《みわ》けるのが難《むずか》しいこともあります。でも、この冊子《さっし》でその逆《ぎゃく》があることもおわかりいただけると思《おも》います。

少数色覚者《しょうすうしきかくしゃ》は年齢《ねんれい》を重《かさ》ねるにつれ自分《じぶん》の色覚《しきかく》をしだいに理解《りかい》し、どうすればよいかを身《み》につけていきます。全国《ぜんこく》に３２０万人《まんにん》もの少数色覚者《しょうすうしきかくしゃ》がいますが、「困《こま》った」という声《こえ》をほとんど聞《き》くことがないのはそのためです。

最近《さいきん》の研究《けんきゅう》で、人間《にんげん》の色覚《しきかく》は人《ひと》によって大《おお》きく異《こと》なる多様性《たようせい》があること、少数色覚《しょうすうしきかく》には多数色覚《たすうしきかく》にはないすぐれた面《めん》もあることなどが明《あき》らかになりました。また、色覚《しきかく》の違《ちが》いによる社会《しゃかい》の壁《かべ》をなくそうとする「色覚《しきかく》バリアフリー」の取《と》り組《く》みも大《おお》きく広《ひろ》がりつつあります。

色覚《しきかく》だけではありません。人《ひと》にはいろいろな多様性《たようせい》があり一人一人《ひとりひとり》みな違《ちが》います。わたしたちは、それらの違《ちが》いをお互《たが》い認《みと》め合《あ》い、助《たす》け合《あ》える、みんなにやさしい社会《しゃかい》づくりをめざしています。

【おことわり】本冊子《ほんさっし》は人権問題《じんけんもんだい》として色覚《しきかく》を考《かんが》える学習資料《がくしゅうしりょう》です。多《おお》くの人《ひと》と異《こと》なる色覚《しきかく》やそれを有《ゆう》する人《ひと》には社会的少数者《しやかいてきしょうすうしゃ》としての人権問題《じんけんもんだい》があるという考《かんが》え方《かた》から、医学用語《いがくようご》ではなく、特徴《とくちょう》を「少数色覚《しょうすうしきかく》」、人《ひと》を「少数色覚者《しょうすうしきかくしゃ》」と称《しょう》しています。

しきかく学習 カラーメイト

https://color-mate.net/

カラーメイト

製作・著作　しきかく学習カラーメイト　（代表　尾家 宏昭）　E-Mail　info@color-mate.net
マンガ　金 孝源＝キム・ヒョウォン　（別府大学 文学部 国際言語・文化学科 マンガ・アニメーションコース 専任講師）
脚色協力　田代 しんたろう　（別府大学 文学部 国際言語・文化学科 マンガ・アニメーションコース 客員教授）
監修（50音順）　岡部 正隆　（東京慈恵会医科大学 解剖学講座 教授、カラーユニバーサルデザイン機構 副理事長）
河村 正二　（東京大学 大学院 新領域創成科学研究科 先端生命科学専攻 人類進化システム分野 教授）
齋藤 慈子　（武蔵野大学 教育学部 児童教育学科 講師）
高柳 泰世　（本郷眼科・神経内科、名古屋市学校医(眼科)会 名誉会長、藤田保健衛生大学医学部公衆衛生学 客員教授）

2017年3月20日初版 2019年6月4日改訂3版 発行

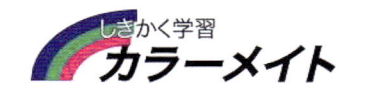

はじめて色覚《しきかく》にであう本《ほん》

色《いろ》って　いろいろ

しきかく学習
カラーメイト

市民図書館
わぁ きれいな 金魚《きんぎょ》！
まっ赤《か》 だね
ええ？ ちょっと オレンジっ ぽいよ
でも 魚《さかな》の スイタイ って あんなに 種類《しゅるい》が あるなんて びっくり だよな
え?!
昨日《きのう》教《おそ》わった シキカクの 話《はなし》ね
色《いろ》を 感《かん》じるって 不思議《ふしぎ》 だよな
自分《じぶん》が見《み》ている色《いろ》が 正《ただ》しいと思《おも》っていたけど ほかの人《ひと》や動物《どうぶつ》と 同《おな》じとはかぎらないんだよな

お兄《にい》さんたち何《なに》話《はな》してるの？
スイタイとかシキカクとか色《いろ》がどうとか…
ああ今《いま》大学《だいがく》で勉強《べんきょう》していることだよ
色《いろ》の見《み》え方《かた》の研究《けんきゅう》をしている先生《せんせい》の授業《じゅぎょう》がとてもおもしろいの
談話室《だんわしつ》
色《いろ》を感《かん》じるのは目《め》のおくにあるすいたい（錐体《すいたい》）というセンサーがあるからなのよ
カメラからの信号《しんごう》でテレビに色《いろ》が映《うつ》るように
テレビカメラ
光
光
光
光
信号《しんごう》
ケーブル
神経《しんけい》
いろいろだ
信号
センサーのすいたいで受《う》け取《と》って
色《いろ》は脳《のう》でつくられるのよ

※ゼブラフィッシュ（別名《べつめい》ゼブラダニオ）という体長《たいちょう》5センチほどの魚《さかな》は8種類《しゅるい》のすいたいをもっていることが発見《はっけん》されました

○○ 研究室
おじゃまします
いらっしゃい
ではまず色《いろ》の感《かん》じ方《かた》にちがいがあることを確かめてみようね
それぞれ横《よこ》にならんだ3つ目立《めだ》って見《み》えるのはどれ？
赤
緑
青緑
黄
黄緑
淡い青緑
わたしはどちらもいちばん左《ひだり》が目立《めだ》って見《み》えるわ
ぼくは青緑《あおみどり》が大《おお》きくちがって見《み》えるなぁ
どちらも正解《せいかい》！
多数色覚《たすうしきかく》の人《ひと》は赤が目立《めだ》って見《み》えて少数色覚《しょうすうしきかく》の人《ひと》は青色《あおいろ》が目立《めだ》って見《み》えるとくちょうがあるんだ
同《おな》じ人間《にんげん》でも色《いろ》を見分《みわ》ける感覚《かんかく》にはちがいがあるんだ人数《にんずう》が少《すく》ないからといって少数色覚《しょうすうしきかく》は特別《とくべつ》なことではないんだよ

色《いろ》の見《み》え方《かた》を調《しら》べる検査《けんさ》はないんですか？
こんな検査方法《けんさほうほう》があるのよけれども…
【仮性同色表《かせいどうしょくひょう》】
色《いろ》のモザイクの中《なか》から数字《すうじ》や記号《きごう》を読《よ》み取《と》ります
【パネルD-15】
15色《しょく》のパネルを色《いろ》の順《じゅん》に並《なら》べます
【アノマロスコープ】
中《なか》の色《いろ》の光《ひかり》をのぞいて判定《はんてい》します
けれども？
検査《けんさ》でわかるのは「ある色《いろ》とほかの色《いろ》を見分《みわ》けられるか」だけで「どのように、見《み》えているか」ではないんだよ
そうかぁ
でもセンサーが2つより3つのほうが色《いろ》を多く見分《みわ》けられますよね
…ということは3色型色覚《しょくがたしきかく》のほうが生活《せいかつ》するのに都合《つごう》がいい！
ふふふそれがそうでもないのよ
人間以外《にんげんいがい》の研究《けんきゅう》からいろいろわかってきてるんだ
たとえばおさるさん

※アメリカ大陸《たいりく》の中央部《ちゅうおうぶ》から南《みなみ》アメリカ大陸《たいりく》までの広《ひろ》い地域《ちいき》のこと

もう一《ひと》つ実験《じっけん》絵《え》の中《なか》のどの動物《どうぶつ》が見《み》つけやすいかな？
おさるさんが木《き》の上《うえ》にいるわ
草《くさ》むらに2頭《とう》何《なに》かいるね…
鳥《とり》は1羽《わ》かと思《おも》ったら…
人《ひと》によって見《み》つけやすい動物《どうぶつ》がちがったりするよね
それぞれのタイプにとくいな色《いろ》分《わ》けがあるということですね
実《じつ》はこれまで少数色覚《しょうすうしきかく》の人《ひと》について理解《りかい》されなかったり誤解《ごかい》からいろいろおかしなことが起《お》きてたんだ
病気《びょうき》のように治《なお》そうとしたり
電流《でんりゅう》を流《なが》す治療《ちりょう》をしましょう
病気《びょうき》じゃないんだから治療《ちりょう》なんておかしいよ

※今《いま》は少数色覚《しょうすうしきかく》のお医者《いしゃ》さんやデザイナーや学校《がっこう》の先生《せんせい》もたくさんいます

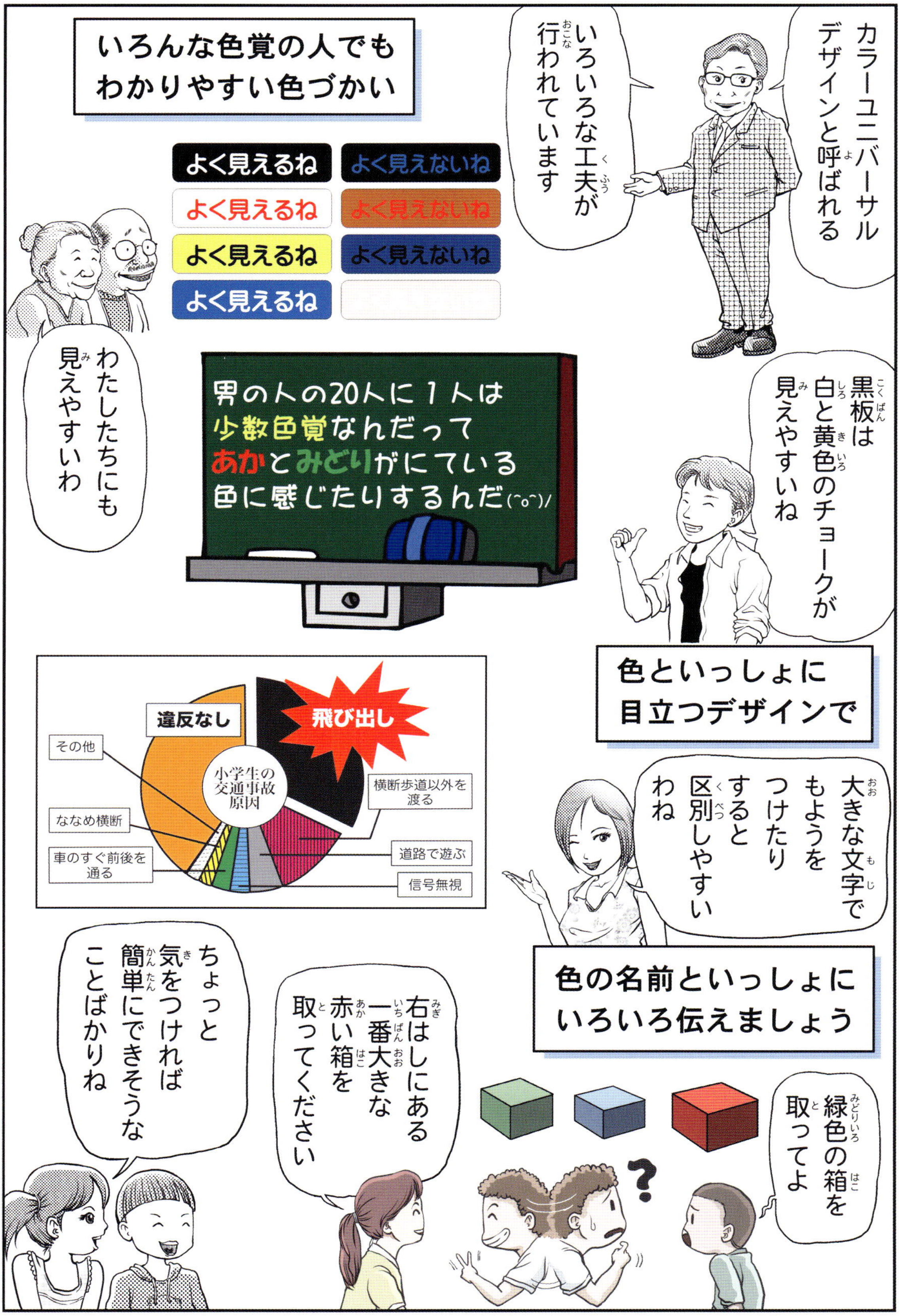

いろんな色覚の人でも
わかりやすい色づかい
カラーユニバーサルデザインと呼《よ》ばれる
いろいろな工夫《くふう》が行《おこな》われています
よく見えるね
よく見えないね
よく見えるね
よく見えないね
よく見えるね
よく見えないね
よく見えるね
わたしたちにも見《み》えやすいわ
黒板《こくばん》は白《しろ》と黄色《きいろ》のチョークが見《み》えやすいね
男の人の20人に1人は
少数色覚なんだって
あかとみどりがにている
色に感じたりするんだ(^o^)/
色といっしょに
目立つデザインで
小学生の交通事故原因
飛び出し
違反なし
その他
ななめ横断
車のすぐ前後を通る
横断歩道以外を渡る
道路で遊ぶ
信号無視
大《おお》きな文字《もじ》でもようをつけたりすると区別《くべつ》しやすいわね
色の名前といっしょに
いろいろ伝えましょう
緑色《みどりいろ》の箱《はこ》を取《と》ってよ
?
右《みぎ》はしにある一番《いちばん》大《おお》きな赤《あか》い箱《はこ》を取《と》ってください
ちょっと気《き》をつければ簡単《かんたん》にできそうなことばかりね

わたしたちの中《なか》にも少数《しょうすう》色覚《しきかく》の人《ひと》がたくさんいるのよね
ぼくたちもいろいろな工夫《くふう》や助《たす》け合《あ》いを心《こころ》がけなきゃいけないね
そうですそういう理解《りかい》が深《ふか》まれば
色覚《しきかく》バリアフリーが実現《じつげん》できるよ
できることから始《はじ》めよう
わたしたちの手《て》で…
いろんな色覚《しきかく》の人《ひと》がともに生《い》きるすばらしさ！色覚《しきかく》だけじゃないねいろんな感《かん》じ方《かた》の人《ひと》がいっしょにいるから楽《たの》しくてすてきな世《よ》の中《なか》なんだ
そのとおりね！
人間《にんげん》っておもしろい！
いろいろがいいのよね

おうちのかたへ

人間《にんげん》には色《いろ》を感《かん》じる色覚《しきかく》があります。色覚《しきかく》は眼《め》の奥《おく》にある錐体《すいたい》という細胞《さいぼう》が光《ひかり》の波長《はちょう》に反応《はんのう》し、脳《のう》にその信号《しんごう》が送《おく》られ発生《はっせい》します。多《おお》くの人《ひと》は錐体《すいたい》を３種類《しゅるい》もっていますが、錐体《すいたい》の感度《かんど》が多《おお》くの人《ひと》と少《すこ》し違《ちが》ったり、錐体《すいたい》の種類《しゅるい》が２種類《しゅるい》だったりする少数色覚《しょうすうしきかく》の人《ひと》（色覚《しきかく》が少数派《しょうすうは》で日本人男性《にほんじんだんせい》の約《やく》２０人《にん》に一人《ひとり》、女性《じょせい》の約《やく》５００人《にん》に一人《ひとり》の割合《わりあい》）もいます。

色覚の分類

				錐体 S	錐体 M	錐体 L	桿体	日本人男性の出現率	眼科学会の呼称	
多数色覚（３色覚）			C型	○	○	○	○	約９５％	正常色覚	
先天少数色覚	少数色覚 先天赤緑	少数３色覚	P型	○	○	☆	○	P型合計 約１．５％	色覚異常	１型３色覚
			D型	○	☆	○	○			２型３色覚
		２色覚	P型	○	○		○	D型合計 約３．５％		１型２色覚
			D型	○		○	○			２型２色覚
	２色覚		T型		○	○	○	T型 約０．００１％以下		３型２色覚
	錐体１色覚		A型	○			○	約０．００１％		１色覚
					○		○			
						○	○			
	桿体１色覚						○			

○　＝　機能させている
☆　＝　○とは異なる波長感度をもっている

少数色覚《しょうすうしきかく》は伴性潜性遺伝《はんせいせんせいいでん》という法則《ほうそく》で子孫《しそん》に伝《つた》わります。日本人女性《にほんじんじょせい》の１０人《にん》に一人《ひとり》は少数色覚《しょうすうしきかく》の子《こ》どもが生《う》まれる可能性《かのうせい》のある保因者《ほいんしゃ》です。少数色覚《しょうすうしきかく》はとても多《おお》くの女性《じょせい》にも関係《かんけい》する身近《みぢか》なものです。

これまで、少数色覚《しょうすうしきかく》は多数色覚《たすうしきかく》にくらべて劣《おと》ったものだととらえられることが多《おお》くありました。そのため少数色覚者《しょうすうしきかくしゃ》の受《う》け入《い》れを拒否《きょひ》する学校《がっこう》や職場《しょくば》があるなどの人権問題《じんけんもんだい》があり、残念《ざんねん》ながらそれは今《いま》も一部残《いちぶのこ》されています。「検査《けんさ》で早《はや》く少数色覚者《しょうすうしきかくしゃ》を発見《はっけん》し色《いろ》を使《つか》う仕事《しごと》を避《さ》けさせるべきだ」という考《かんが》えもあります。しかし、少数色覚者《しょうすうしきかくしゃ》を拒否《きょひ》する正当《せいとう》な理由《りゆう》が本当《ほんとう》にあるのでしょうか？

現代《げんだい》、人間《にんげん》は身《み》につける服《ふく》の色《いろ》を選《えら》んだり絵《え》に色《いろ》を塗《ぬ》ったり色《いろ》を自由《じゆう》に使《つか》えるようになりました。多数色覚者《たすうしきかくしゃ》を基準《きじゅん》に決《き》められた色《いろ》の名前《なまえ》は少数色覚者《しょうすうしきかくしゃ》にわかりづらいことも確《たし》かにあり、見分《みわ》けるのが難《むずか》しいこともあります。でも、この冊子《さっし》でその逆《ぎゃく》があることもおわかりいただけると思《おも》います。

少数色覚者《しょうすうしきかくしゃ》は年齢《ねんれい》を重《かさ》ねるにつれ自分《じぶん》の色覚《しきかく》をしだいに理解《りかい》し、どうすればよいかを身《み》につけていきます。全国《ぜんこく》に３２０万人《まんにん》もの少数色覚者《しょうすうしきかくしゃ》がいますが、「困《こま》った」という声《こえ》をほとんど聞《き》くことがないのはそのためです。

最近《さいきん》の研究《けんきゅう》で、人間《にんげん》の色覚《しきかく》は人《ひと》によって大《おお》きく異《こと》なる多様性《たようせい》があること、少数色覚《しょうすうしきかく》には多数色覚《たすうしきかく》にはないすぐれた面《めん》もあることなどが明《あき》らかになりました。また、色覚《しきかく》の違《ちが》いによる社会《しゃかい》の壁《かべ》をなくそうとする「色覚《しきかく》バリアフリー」の取《と》り組《く》みも大《おお》きく広《ひろ》がりつつあります。

色覚《しきかく》だけではありません。人《ひと》にはいろいろな多様性《たようせい》があり一人一人《ひとりひとり》みな違《ちが》います。わたしたちは、それらの違《ちが》いをお互《たが》い認《みと》め合《あ》い、助《たす》け合《あ》える、みんなにやさしい社会《しゃかい》づくりをめざしています。

【おことわり】本冊子《ほんさっし》は人権問題《じんけんもんだい》として色覚《しきかく》を考《かんが》える学習資料《がくしゅうしりょう》です。多《おお》くの人《ひと》と異《こと》なる色覚《しきかく》やそれを有《ゆう》する人《ひと》には社会的少数者《しやかいてきしょうすうしゃ》としての人権問題《じんけんもんだい》があるという考《かんが》え方《かた》から、医学用語《いがくようご》ではなく、特徴《とくちょう》を「少数色覚《しょうすうしきかく》」、人《ひと》を「少数色覚者《しょうすうしきかくしゃ》」と称《しょう》しています。

しきかく学習
カラーメイト
https://color-mate.net/

カラーメイト

製作・著作　しきかく学習カラーメイト　（代表　尾家 宏昭）　E-Mail　info@color-mate.net
マンガ　金 孝源＝キム・ヒョウォン　（別府大学 文学部 国際言語・文化学科 マンガ・アニメーションコース 専任講師）
脚色協力　田代 しんたろう　（別府大学 文学部 国際言語・文化学科 マンガ・アニメーションコース 客員教授）
監修（50音順）　岡部 正隆　（東京慈恵会医科大学 解剖学講座 教授、カラーユニバーサルデザイン機構 副理事長）
河村 正二　（東京大学 大学院 新領域創成科学研究科 先端生命科学専攻 人類進化システム分野 教授）
齋藤 慈子　（武蔵野大学 教育学部 児童教育学科 講師）
高柳 泰世　（本郷眼科・神経内科、名古屋市学校医(眼科)会 名誉会長、藤田保健衛生大学医学部公衆衛生学 客員教授）

2017年3月20日初版 2019年6月4日改訂3版 発行

はじめて色《しき》覚《かく》にであう本《ほん》

色《いろ》って　いろいろ

しきかく学習
カラーメイト

市民図書館
わぁ きれいな 金魚《きんぎょ》！
まっ赤《か》だね
ええ? ちょっとオレンジっぽいよ
でも魚《さかな》のスイタイってあんなに種類《しゅるい》があるなんてびっくりだよな
え?!
昨日《きのう》教《おそ》わったシキカクの話《はなし》ね
色《いろ》を感《かん》じるって不思議《ふしぎ》だよな
自分《じぶん》が見《み》ている色《いろ》が正《ただ》しいと思《おも》っていたけどほかの人《ひと》や動物《どうぶつ》と同《おな》じとはかぎらないんだよな

お兄《にい》さんたち何《なに》話《はな》してるの？
スイタイとかシキカクとか色《いろ》がどうとか…
ああ今《いま》大学《だいがく》で勉強《べんきょう》していることだよ
色《いろ》の見《み》え方《かた》の研究《けんきゅう》をしている先生《せんせい》の授業《じゅぎょう》がとてもおもしろいの
談話室《だんわしつ》
色《いろ》を感《かん》じるのは目《め》のおくにあるすいたい（錐体《すいたい》）というセンサーがあるからなのよ
カメラからの信号《しんごう》でテレビに色《いろ》が映《うつ》るように
テレビカメラ
光
光
光
光
信号《しんごう》
ケーブル
神経《しんけい》
いろいろだ
信号
センサーのすいたいで受《う》け取《と》って
色《いろ》は脳《のう》でつくられるのよ

※ゼブラフィッシュ（別名《べつめい》ゼブラダニオ）という体長《たいちょう》5センチほどの魚《さかな》は8種類《しゅるい》のすいたいをもっていることが発見《はっけん》されました

○○ 研究室
おじゃまします
いらっしゃい
ではまず色《いろ》の感《かん》じ方《かた》にちがいがあることを確かめてみようね
それぞれ横《よこ》にならんだ3つ目立《めだ》って見《み》えるのはどれ？
赤
緑
青緑
黄
黄緑
淡い青緑
わたしはどちらもいちばん左《ひだり》が目立《めだ》って見《み》えるわ
ぼくは青緑《あおみどり》が大《おお》きくちがって見《み》えるなぁ
どちらも正解《せいかい》！
多数《たすう》色覚《しきかく》の人《ひと》は赤が目立《めだ》って見《み》えて少数《しょうすう》色覚《しきかく》の人《ひと》は青色《あおいろ》が目立《めだ》って見《み》えるとくちょうがあるんだ
同《おな》じ人間《にんげん》でも色《いろ》を見分《みわ》ける感覚《かんかく》にはちがいがあるんだ人数《にんずう》が少《すく》ないからといって少数《しょうすう》色覚《しきかく》は特別《とくべつ》なことではないんだよ

色《いろ》の見《み》え方《かた》を調《しら》べる検査《けんさ》はないんですか？
こんな検査方法《けんさほうほう》があるのよけれども…
【仮性同色表《かせいどうしょくひょう》】
色《いろ》のモザイクの中《なか》から数字《すうじ》や記号《きごう》を読《よ》み取《と》ります
【パネルD-15】
15色《しょく》のパネルを色《いろ》の順《じゅん》に並《なら》べます
【アノマロスコープ】
中《なか》の色《いろ》の光《ひかり》をのぞいて判定《はんてい》します
けれども？
検査《けんさ》でわかるのは「ある色《いろ》とほかの色《いろ》を見分《みわ》けられるか」だけで「どのように見《み》えているか」ではないんだよ
そうかぁ
でもセンサーが2つより3つのほうが色《いろ》を多く見分《みわ》けられますよね
…ということは3色型《しょくがた》色覚《しきかく》のほうが生活《せいかつ》するのに都合《つごう》がいい！
ふふふそれがそうでもないのよ
人間以外《にんげんいがい》の研究《けんきゅう》からいろいろわかってきてるんだ
たとえばおさるさん

※アメリカ大陸《たいりく》の中央部《ちゅうおうぶ》から南《みなみ》アメリカ大陸《たいりく》までの広《ひろ》い地域《ちいき》のこと

もう一《ひと》つ実験《じっけん》絵《え》の中《なか》のどの動物《どうぶつ》が見《み》つけやすいかな？
おさるさんが木《き》の上《うえ》にいるわ
草《くさ》むらに2頭《とう》何《なに》かいるね…
鳥《とり》は1羽《わ》かと思《おも》ったら…
人《ひと》によって見《み》つけやすい動物《どうぶつ》がちがったりするよね
それぞれのタイプにとくいな色分《いろわ》けがあるということですね
実《じつ》はこれまで少数色覚《しょうすうしきかく》の人《ひと》について理解《りかい》されなかったりいろいろ誤解《ごかい》からおかしなことが起《お》きてたんだ
病気《びょうき》のように治《なお》そうとしたり
電流《でんりゅう》を流《なが》す治療《ちりょう》をしましょう
病気《びょうき》じゃないんだから治療《ちりょう》なんておかしいよ

※今《いま》は少数色覚《しょうすうしきかく》のお医者《いしゃ》さんやデザイナーや学校《がっこう》の先生《せんせい》もたくさんいます

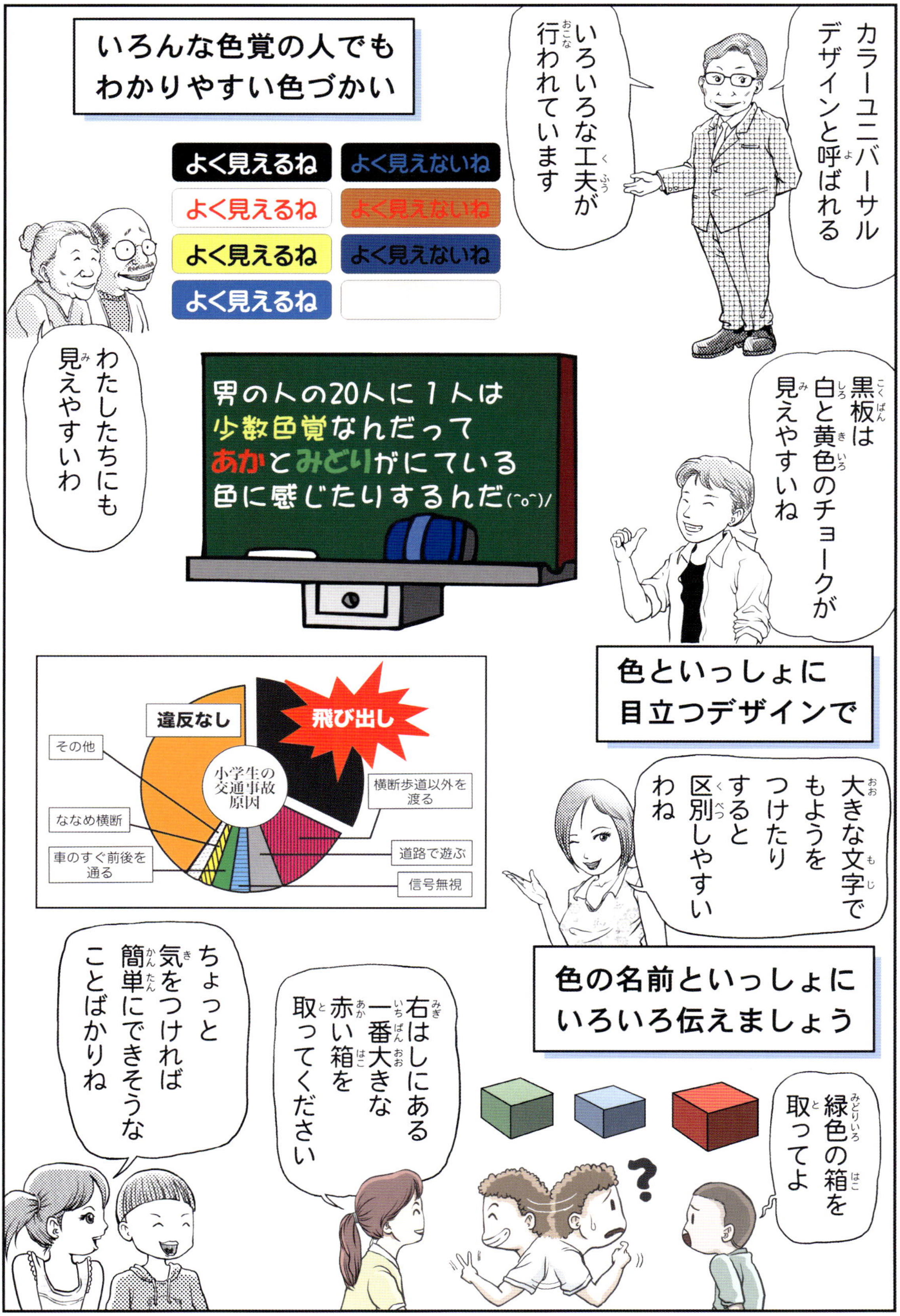
カラーユニバーサルデザインと呼《よ》ばれる
いろいろな工夫《くふう》が行《おこな》われています
いろんな色覚の人でもわかりやすい色づかい
よく見えるね
よく見えないね
よく見えるね
よく見えないね
よく見えるね
よく見えないね
よく見えるね
わたしたちにも見《み》えやすいわ
黒板《こくばん》は白《しろ》と黄《き》色《いろ》のチョークが見《み》えやすいね
男の人の20人に1人は少数色覚なんだってあかとみどりがにている色に感じたりするんだ(^o^)/
色といっしょに目立つデザインで
大《おお》きな文字《もじ》でもようをつけたりすると区別《くべつ》しやすいわね
違反なし
飛び出し
小学生の交通事故原因
その他
横断歩道以外を渡る
ななめ横断
道路で遊ぶ
車のすぐ前後を通る
信号無視
色の名前といっしょにいろいろ伝えましょう
緑色《みどりいろ》の箱《はこ》を取《と》ってよ
?
右《みぎ》はしにある一《いち》番《ばん》大《おお》きな赤《あか》い箱《はこ》を取《と》ってください
ちょっと気《き》をつければ簡《かん》単《たん》にできそうなことばかりね

わたしたちの中《なか》にも少数《しょうすう》色覚《しきかく》の人《ひと》がたくさんいるのよね
ぼくたちもいろいろな工夫《くふう》や助《たす》け合《あ》いを心《こころ》がけなきゃいけないいね
そうですそういう理解《りかい》が深《ふか》まれば
色覚《しきかく》バリアフリーが実現《じつげん》できるよ
わたしたちの手《て》で…
できることから始《はじ》めよう
いろんな色覚《しきかく》の人《ひと》がともに生《い》きるすばらしさ！色覚《しきかく》だけじゃないね いろんな感《かん》じ方《かた》の人《ひと》がいっしょにいるから楽《たの》しくてすてきな世《よ》の中《なか》なんだ
そのとおりね！
人間《にんげん》っておもしろい！
いろいろがいいのよね

おうちのかたへ

人間《にんげん》には色《いろ》を感《かん》じる色覚《しきかく》があります。色覚《しきかく》は眼《め》の奥《おく》にある錐体《すいたい》という細胞《さいぼう》が光《ひかり》の波長《はちょう》に反応《はんのう》し、脳《のう》にその信号《しんごう》が送《おく》られ発生《はっせい》します。多《おお》くの人《ひと》は錐体《すいたい》を３種類《しゅるい》もっていますが、錐体《すいたい》の感度《かんど》が多《おお》くの人《ひと》と少《すこ》し違《ちが》ったり、錐体《すいたい》の種類《しゅるい》が２種類《しゅるい》だったりする少数色覚《しょうすうしきかく》の人《ひと》（色覚《しきかく》が少数《しょうすう》派《は》で日本人男性《にほんじんだんせい》の約《やく》２０人《にん》に一人《ひとり》、女性《じょせい》の約《やく》５００人《にん》に一人《ひとり》の割合《わりあい》）もいます。

色 覚 の 分 類

<table>
<tr><th colspan="4" rowspan="2"></th><th colspan="3">錐体</th><th rowspan="2">桿体</th><th rowspan="2">日本人男性の出現率</th><th colspan="2" rowspan="2">眼科学会の呼称</th></tr>
<tr><th>S</th><th>M</th><th>L</th></tr>
<tr><td colspan="3">多数色覚（３色覚）</td><td>C型</td><td>○</td><td>○</td><td>○</td><td>○</td><td>約９５％</td><td colspan="2">正常色覚</td></tr>
<tr><td rowspan="9">先天少数色覚</td><td rowspan="4">先天赤緑少数色覚</td><td rowspan="2">少数３色覚</td><td>P型</td><td>○</td><td>○</td><td>☆</td><td>○</td><td rowspan="2">P型合計 約1．5％</td><td rowspan="9">色覚異常</td><td>１型３色覚</td></tr>
<tr><td>D型</td><td>○</td><td>☆</td><td>○</td><td>○</td><td>２型３色覚</td></tr>
<tr><td rowspan="2">２色覚</td><td>P型</td><td>○</td><td>○</td><td></td><td>○</td><td rowspan="2">D型合計 約3．5％</td><td>１型２色覚</td></tr>
<tr><td>D型</td><td>○</td><td></td><td>○</td><td>○</td><td>２型２色覚</td></tr>
<tr><td colspan="2">２色覚</td><td>T型</td><td></td><td>○</td><td>○</td><td>○</td><td>T型 約0．001％以下</td><td>３型２色覚</td></tr>
<tr><td colspan="2" rowspan="3">錐体１色覚</td><td rowspan="4">A型</td><td>○</td><td></td><td></td><td>○</td><td rowspan="4">約0．001％</td><td rowspan="4">１色覚</td></tr>
<tr><td></td><td>○</td><td></td><td>○</td></tr>
<tr><td></td><td></td><td>○</td><td>○</td></tr>
<tr><td colspan="2">桿体１色覚</td><td></td><td></td><td></td><td>○</td></tr>
</table>

○ ＝ 機能させている
☆ ＝ ○とは異なる波長感度をもっている

少数色覚《しょうすうしきかく》は伴性潜性遺伝《はんせいせんせいいでん》という法則《ほうそく》で子孫《しそん》に伝《つた》わります。日本人女性《にほんじんじょせい》の１０人《にん》に一人《ひとり》は少数色覚《しょうすうしきかく》の子《こ》どもが生《う》まれる可能性《かのうせい》のある保因者《ほいんしゃ》です。少数色覚《しょうすうしきかく》はとても多《おお》くの女性《じょせい》にも関係《かんけい》する身近《みぢか》なものです。

これまで、少数色覚《しょうすうしきかく》は多数色覚《たすうしきかく》にくらべて劣《おと》ったものだととらえられることが多《おお》くありました。そのため少数色覚者《しょうすうしきかくしゃ》の受《う》け入《い》れを拒否《きょひ》する学校《がっこう》や職場《しょくば》があるなどの人権問題《じんけんもんだい》があり、残念《ざんねん》ながらそれは今《いま》も一部《いちぶ》残《のこ》されています。「検査《けんさ》で早《はや》く少数色覚者《しょうすうしきかくしゃ》を発見《はっけん》し色《いろ》を使《つか》う仕事《しごと》を避《さ》けさせるべきだ」という考《かんが》えもあります。しかし、少数色覚者《しょうすうしきかくしゃ》を拒否《きょひ》する正当《せいとう》な理由《りゆう》が本当《ほんとう》にあるのでしょうか？

現代《げんだい》、人間《にんげん》は身《み》につける服《ふく》の色《いろ》を選《えら》んだり絵《え》に色《いろ》を塗《ぬ》ったり色《いろ》を自由《じゆう》に使《つか》えるようになりました。多数色覚者《たすうしきかくしゃ》を基準《きじゅん》に決《き》められた色《いろ》の名前《なまえ》は少数色覚者《しょうすうしきかくしゃ》にわかりづらいことも確《たし》かにあり、見分《みわ》けるのが難《むずか》しいこともあります。でも、この冊子《さっし》でその逆《ぎゃく》があることもおわかりいただけると思《おも》います。

少数色覚者《しょうすうしきかくしゃ》は年齢《ねんれい》を重《かさ》ねるにつれ自分《じぶん》の色覚《しきかく》をしだいに理解《りかい》し、どうすればよいかを身《み》につけていきます。全国《ぜんこく》に３２０万人《まんにん》もの少数色覚者《しょうすうしきかくしゃ》がいますが、「困《こま》った」という声《こえ》をほとんど聞《き》くことがないのはそのためです。

最近《さいきん》の研究《けんきゅう》で、人間《にんげん》の色覚《しきかく》は人《ひと》によって大《おお》きく異《こと》なる多様性《たようせい》があること、少数色覚《しょうすうしきかく》には多数色覚《たすうしきかく》にはないすぐれた面《めん》もあることなどが明《あき》らかになりました。また、色覚《しきかく》の違《ちが》いによる社会《しゃかい》の壁《かべ》をなくそうとする「色覚《しきかく》バリアフリー」の取《と》り組《く》みも大《おお》きく広《ひろ》がりつつあります。

色覚《しきかく》だけではありません。人《ひと》にはいろいろな多様性《たようせい》があり一人一人《ひとりひとり》みな違《ちが》います。わたしたちは、それらの違《ちが》いをお互《たが》い認《みと》め合《あ》い、助《たす》け合《あ》える、みんなにやさしい社会《しゃかい》づくりをめざしています。

【おことわり】本冊子《ほんさっし》は人権問題《じんけんもんだい》として色覚《しきかく》を考《かんが》える学習資料《がくしゅうしりょう》です。多《おお》くの人《ひと》と異《こと》なる色覚《しきかく》やそれを有《ゆう》する人《ひと》には社会的少数者《しゃかいてきしょうすうしゃ》としての人権問題《じんけんもんだい》があるという考《かんが》え方《かた》から、医学用語《いがくようご》ではなく、特徴《とくちょう》を「少数色覚《しょうすうしきかく》」、人《ひと》を「少数色覚者《しょうすうしきかくしゃ》」と称《しょう》しています。

しきかく学習 カラーメイト

https://color-mate.net/

カラーメイト

製作・著作　しきかく学習カラーメイト（代表　尾家 宏昭）　E-Mail　info@color-mate.net
マンガ　金 孝源＝キム・ヒョウォン（別府大学 文学部 国際言語・文化学科 マンガ・アニメーションコース 専任講師）
脚色協力　田代 しんたろう（別府大学 文学部 国際言語・文化学科 マンガ・アニメーションコース 客員教授）
監修（50音順）　岡部 正隆（東京慈恵会医科大学 解剖学講座 教授、カラーユニバーサルデザイン機構 副理事長）
河村 正二（東京大学 大学院 新領域創成科学研究科 先端生命科学専攻 人類進化システム分野 教授）
齋藤 慈子（武蔵野大学 教育学部 児童教育学科 講師）
高柳 泰世（本郷眼科・神経内科、名古屋市学校医(眼科)会 名誉会長、藤田保健衛生大学医学部公衆衛生学 客員教授）

2017年3月20日初版 2019年6月4日改訂3版 発行

はじめて色《しき》覚《かく》にであう本《ほん》

色《いろ》って　いろいろ

しきかく学習
カラーメイト

市民図書館
わぁ
きれいな
金魚《きんぎょ》！
まっ赤《か》だね
ええ？
ちょっと
オレンジっ
ぽいよ
でも
魚《さかな》の
スイタイ
って
あんなに
種類《しゅるい》が
あるなんて
びっくり
だよな
え?!
PUSH
昨日《きのう》教《おそ》わった
シキカクの
話《はなし》ね
色《いろ》を
感《かん》じるって
不思議《ふしぎ》
だよな
自分《じぶん》が見《み》ている色《いろ》が
正《ただ》しいと思《おも》っていたけど
ほかの人《ひと》や動物《どうぶつ》と
同《おな》じとはかぎらないんだよな

お兄《にい》さんたち何《なに》話《はな》してるの?
スイタイとかシキカクとか色《いろ》がどうとか…
ああ今《いま》大学《だいがく》で勉強《べんきょう》していることだよ
色《いろ》の見《み》え方《かた》の研究《けんきゅう》をしている先生《せんせい》の授業《じゅぎょう》がとてもおもしろいの
談話室《だんわしつ》
色《いろ》を感《かん》じるのは目《め》のおくにあるすいたい（錐体《すいたい》）というセンサーがあるからなのよ
カメラからの信号《しんごう》でテレビに色《いろ》が映《うつ》るように
テレビカメラ
光
光
光
光
信号《しんごう》
ケーブル
神経《しんけい》
いろいろだ
信号
センサーのすいたいで受《う》け取《と》って
色《いろ》は脳《のう》でつくられるのよ

多《おお》くの人《ひと》の色覚《しきかく》（色《いろ》の感《かん》じ方《かた》）を「多数色覚《たすうしきかく》」といい
多《おお》くの人《ひと》とはちがう人《ひと》の色覚《しきかく》を
数《かず》が少《すく》ない人《ひと》の色覚《しきかく》なので「少数色覚《しょうすうしきかく》」といいます

※ゼブラフィッシュ（別名《べつめい》ゼブラダニオ）という体長《たいちょう》5センチほどの魚《さかな》は8種類《しゅるい》のすいたいをもっていることが発見《はっけん》されました

○○ 研究室
おじゃまします
いらっしゃい
ではまず色《いろ》の感《かん》じ方《かた》にちがいがあることを確かめてみようね
それぞれ横《よこ》にならんだ3つ目立《めだ》って見《み》えるのはどれ？
赤
緑
青緑
黄
黄緑
淡い青緑
わたしはどちらもいちばん左《ひだり》が目立《めだ》って見《み》えるわ
ぼくは青緑《あおみどり》が大《おお》きくちがって見《み》えるなぁ
どちらも正解《せいかい》！
多数色覚《たすうしきかく》の人《ひと》は赤が目立《めだ》って見《み》えて少数色覚《しょうすうしきかく》の人《ひと》は青色《あおいろ》が目立《めだ》って見《み》えるとくちょうがあるんだ
同《おな》じ人間《にんげん》でも色《いろ》を見分《みわ》ける感覚《かんかく》にはちがいがあるんだ人数《にんずう》が少《すく》ないからといって少数色覚《しょうすうしきかく》は特別《とくべつ》なことではないんだよ

色《いろ》の見《み》え方《かた》を調《しら》べる検査《けんさ》はないんですか？
こんな検査《けんさ》方法《ほうほう》があるのよけれども…
【アノマロスコープ】
中《なか》の色《いろ》の光《ひかり》をのぞいて判定《はんてい》します
【パネルD-15】
15色《しょく》のパネルを色《いろ》の順《じゅん》に並《なら》べます
【仮性同色表《かせいどうしょくひょう》】
色《いろ》のモザイクの中《なか》から数字《すうじ》や記号《きごう》を読《よ》み取《と》ります
けれども？
検査《けんさ》でわかるのは「ある色《いろ》とほかの色《いろ》を見分《みわ》けられるか」だけで「どのように見《み》えているか」ではないんだよ
そうかぁ
でもセンサーが2つより3つのほうが色《いろ》を多く見分《みわ》けられますよね
…ということは3色型《しょくがた》色覚《しきかく》のほうが生活《せいかつ》するのに都合《つごう》がいい！
ふふふそれがそうでもないのよ
人間《にんげん》以外《いがい》の研究《けんきゅう》からいろいろわかってきてるんだ
たとえばおさるさん

※アメリカ大陸《たいりく》の中央部《ちゅうおうぶ》から南《みなみ》アメリカ大陸《たいりく》までの広《ひろ》い地域《ちいき》のこと

もう一《ひと》つ実験《じっけん》絵《え》の中《なか》のどの動物《どうぶつ》が見《み》つけやすいかな？
おさるさんが木《き》の上《うえ》にいるわ
草《くさ》むらに2頭《とう》何《なに》かいるね…
鳥《とり》は1羽《わ》かと思《おも》ったら…
人《ひと》によって見《み》つけやすい動物《どうぶつ》がちがったりするよね
それぞれのタイプにとくいな色分《いろわ》けがあるということですね
実《じつ》はこれまで少数色覚《しょうすうしきかく》の人《ひと》について理解《りかい》されなかったり誤解《ごかい》からいろいろおかしなことが起《お》きてたんだ
病気《びょうき》のように治《なお》そうとしたり
電流《でんりゅう》を流《なが》す治療《ちりょう》をしましょう
病気《びょうき》じゃないんだから治療《ちりょう》なんておかしいよ

※今《いま》は少数色覚《しょうすうしきかく》のお医者《いしゃ》さんやデザイナーや学校《がっこう》の先生《せんせい》もたくさんいます

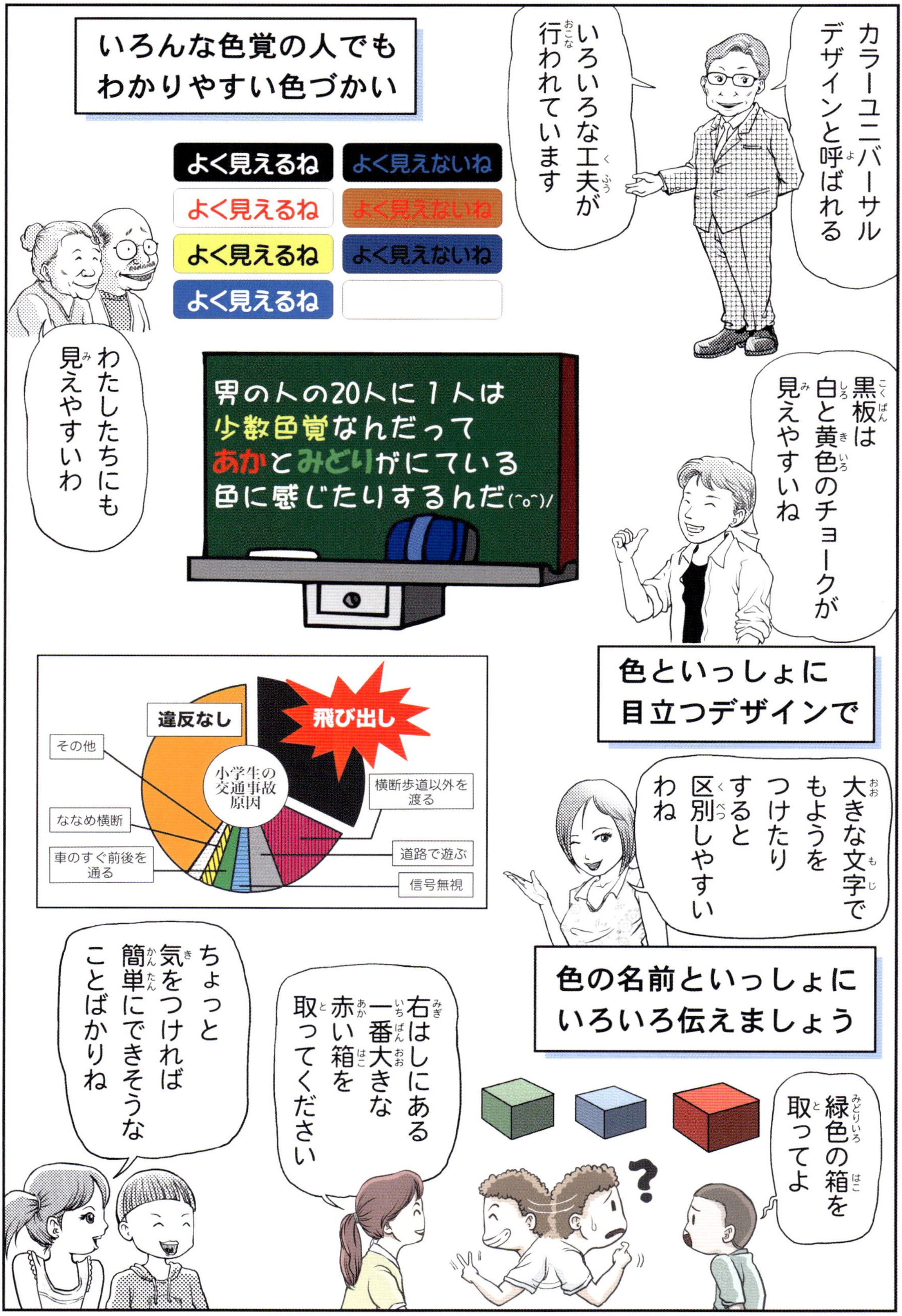
カラーユニバーサルデザインと呼《よ》ばれる
いろいろな工夫《くふう》が行《おこな》われています
いろんな色覚の人でもわかりやすい色づかい
よく見えるね
よく見えないね
よく見えるね
よく見えないね
よく見えるね
よく見えないね
よく見えるね
わたしたちにも見《み》えやすいわ
黒板《こくばん》は白《しろ》と黄色《きいろ》のチョークが見《み》えやすいね
男の人の20人に1人は少数色覚なんだってあかとみどりがにている色に感じたりするんだ(^o^)/
色といっしょに目立つデザインで
大《おお》きな文字《もじ》でもようをつけたりすると区別《くべつ》しやすいわね
飛び出し
違反なし
小学生の交通事故原因
その他
ななめ横断
車のすぐ前後を通る
横断歩道以外を渡る
道路で遊ぶ
信号無視
色の名前といっしょにいろいろ伝えましょう
緑色《みどりいろ》の箱《はこ》を取《と》ってよ
?
右《みぎ》はしにある一番《いちばん》大《おお》きな赤《あか》い箱《はこ》を取《と》ってください
ちょっと気《き》をつければ簡単《かんたん》にできそうなことばかりね

わたしたちの中《なか》にも少数色覚《しょうすうしきかく》の人《ひと》がたくさんいるのよね
ぼくたちもいろいろな工夫《くふう》や助《たす》け合《あ》いを心《こころ》がけなきゃいけないね
そうですそういう理解《りかい》が深《ふか》まれば
色覚《しきかく》バリアフリーが実現《じつげん》できるよ
できることから始《はじ》めよう
わたしたちの手《て》で…
いろんな色覚《しきかく》の人《ひと》がともに生《い》きるすばらしさ！色覚《しきかく》だけじゃないねいろんな感《かん》じ方《かた》の人《ひと》がいっしょにいるから楽《たの》しくてすてきな世《よ》の中《なか》なんだ
そのとおりね！
人間《にんげん》っておもしろい！
いろいろがいいのよね

おうちのかたへ

人間《にんげん》には色《いろ》を感《かん》じる色覚《しきかく》があります。色覚《しきかく》は眼《め》の奥《おく》にある錐体《すいたい》という細胞《さいぼう》が光《ひかり》の波長《はちょう》に反応《はんのう》し、脳《のう》にその信号《しんごう》が送《おく》られ発生《はっせい》します。多《おお》くの人《ひと》は錐体《すいたい》を３種類《しゅるい》もっていますが、錐体《すいたい》の感度《かんど》が多《おお》くの人《ひと》と少《すこ》し違《ちが》ったり、錐体《すいたい》の種類《しゅるい》が２種類《しゅるい》だったりする少数色覚《しょうすうしきかく》の人《ひと》（色覚《しきかく》が少数派《しょうすうは》で日本人男性《にほんじんだんせい》の約《やく》２０人《にん》に一人《ひとり》、女性《じょせい》の約《やく》５００人《にん》に一人《ひとり》の割合《わりあい》）もいます。

色覚の分類

<table>
<tr><th colspan="4"></th><th colspan="3">錐体</th><th rowspan="2">桿体</th><th rowspan="2">日本人男性の出現率</th><th colspan="2" rowspan="2">眼科学会の呼称</th></tr>
<tr><th colspan="4"></th><th>S</th><th>M</th><th>L</th></tr>
<tr><td colspan="3">多数色覚（３色覚）</td><td>C型</td><td>○</td><td>○</td><td>○</td><td>○</td><td>約９５％</td><td colspan="2">正常色覚</td></tr>
<tr><td rowspan="9">先天少数色覚</td><td rowspan="4">先天赤緑少数色覚</td><td rowspan="2">少数3色覚</td><td>P型</td><td>○</td><td>○</td><td>☆</td><td>○</td><td rowspan="4">P型合計 約１．５％
D型合計 約３．５％</td><td rowspan="9">色覚異常</td><td>１型３色覚</td></tr>
<tr><td>D型</td><td>○</td><td>☆</td><td>○</td><td>○</td><td>２型３色覚</td></tr>
<tr><td rowspan="2">２色覚</td><td>P型</td><td>○</td><td>○</td><td></td><td>○</td><td>１型２色覚</td></tr>
<tr><td>D型</td><td>○</td><td></td><td>○</td><td>○</td><td>２型２色覚</td></tr>
<tr><td colspan="2">２色覚</td><td>T型</td><td></td><td>○</td><td>○</td><td>○</td><td>T型 約０．００１％以下</td><td>３型２色覚</td></tr>
<tr><td colspan="2" rowspan="3">錐体１色覚</td><td rowspan="4">A型</td><td>○</td><td></td><td></td><td>○</td><td rowspan="4">約０．００１％</td><td rowspan="4">１色覚</td></tr>
<tr><td></td><td>○</td><td></td><td>○</td></tr>
<tr><td></td><td></td><td>○</td><td>○</td></tr>
<tr><td colspan="2">桿体１色覚</td><td></td><td></td><td></td><td>○</td></tr>
</table>

○　＝　機能させている
☆　＝　○とは異なる波長感度をもっている

少数色覚《しょうすうしきかく》は伴性潜性遺伝《はんせいせんせいいでん》という法則《ほうそく》で子孫《しそん》に伝《つた》わります。日本人女性《にほんじんじょせい》の１０人《にん》に一人《ひとり》は少数色覚《しょうすうしきかく》の子《こ》どもが生《う》まれる可能性《かのうせい》のある保因者《ほいんしゃ》です。少数色覚《しょうすうしきかく》はとても多《おお》くの女性《じょせい》にも関係《かんけい》する身近《みぢか》なものです。

これまで、少数色覚《しょうすうしきかく》は多数色覚《たすうしきかく》にくらべて劣《おと》ったものだととらえられることが多《おお》くありました。そのため少数色覚者《しょうすうしきかくしゃ》の受《う》け入《い》れを拒否《きょひ》する学校《がっこう》や職場《しょくば》があるなどの人権問題《じんけんもんだい》があり、残念《ざんねん》ながらそれは今《いま》も一部残《いちぶのこ》されています。「検査《けんさ》で早《はや》く少数色覚者《しょうすうしきかくしゃ》を発見《はっけん》し色《いろ》を使《つか》う仕事《しごと》を避《さ》けさせるべきだ」という考《かんが》えもあります。しかし、少数色覚者《しょうすうしきかくしゃ》を拒否《きょひ》する正当《せいとう》な理由《りゆう》が本当《ほんとう》にあるのでしょうか？

現代《げんだい》、人間《にんげん》は身《み》につける服《ふく》の色《いろ》を選《えら》んだり絵《え》に色《いろ》を塗《ぬ》ったり色《いろ》を自由《じゆう》に使《つか》えるようになりました。多数色覚者《たすうしきかくしゃ》を基準《きじゅん》に決《き》められた色《いろ》の名前《なまえ》は少数色覚者《しょうすうしきかくしゃ》にわかりづらいことも確《たし》かにあり、見分《みわ》けるのが難《むずか》しいこともあります。でも、この冊子《さっし》でその逆《ぎゃく》があることもおわかりいただけると思《おも》います。

少数色覚者《しょうすうしきかくしゃ》は年齢《ねんれい》を重《かさ》ねるにつれ自分《じぶん》の色覚《しきかく》をしだいに理解《りかい》し、どうすればよいかを身《み》につけていきます。全国《ぜんこく》に３２０万人《まんにん》もの少数色覚者《しょうすうしきかくしゃ》がいますが、「困《こま》った」という声《こえ》をほとんど聞《き》くことがないのはそのためです。

最近《さいきん》の研究《けんきゅう》で、人間《にんげん》の色覚《しきかく》は人《ひと》によって大《おお》きく異《こと》なる多様性《たようせい》があること、少数色覚《しょうすうしきかく》には多数色覚《たすうしきかく》にはないすぐれた面《めん》もあることなどが明《あき》らかになりました。また、色覚《しきかく》の違《ちが》いによる社会《しゃかい》の壁《かべ》をなくそうとする「色覚《しきかく》バリアフリー」の取《と》り組《く》みも大《おお》きく広《ひろ》がりつつあります。

色覚《しきかく》だけではありません。人《ひと》にはいろいろな多様性《たようせい》があり一人一人《ひとりひとり》みな違《ちが》います。わたしたちは、それらの違《ちが》いをお互《たが》い認《みと》め合《あ》い、助《たす》け合《あ》える、みんなにやさしい社会《しゃかい》づくりをめざしています。

【おことわり】本冊子《ほんさっし》は人権問題《じんけんもんだい》として色覚《しきかく》を考《かんが》える学習資料《がくしゅうしりょう》です。多《おお》くの人《ひと》と異《こと》なる色覚《しきかく》やそれを有《ゆう》する人《ひと》には社会的少数者《しやかいてきしょうすうしゃ》としての人権問題《じんけんもんだい》があるという考《かんが》え方《かた》から、医学用語《いがくようご》ではなく、特《とく》徴《ちょう》を「少数色覚《しょうすうしきかく》」、人《ひと》を「少数色覚者《しょうすうしきかくしゃ》」と称《しょう》しています。

しきかく学習 カラーメイト

https://color-mate.net/

製作・著作　しきかく学習カラーメイト　（代表　尾家 宏昭）　E-Mail　info@color-mate.net
マンガ　金 孝源＝キム・ヒョウォン　（別府大学 文学部 国際言語・文化学科 マンガ・アニメーションコース 専任講師）
脚色協力　田代 しんたろう　（別府大学 文学部 国際言語・文化学科 マンガ・アニメーションコース 客員教授）
監修（50音順）
岡部 正隆　（東京慈恵会医科大学 解剖学講座 教授、カラーユニバーサルデザイン機構 副理事長）
河村 正二　（東京大学 大学院 新領域創成科学研究科 先端生命科学専攻 人類進化システム分野 教授）
齋藤 慈子　（武蔵野大学 教育学部 児童教育学科 講師）
高柳 泰世　（本郷眼科・神経内科、名古屋市学校医(眼科)会 名誉会長、藤田保健衛生大学医学部公衆衛生学 客員教授）

2017年3月20日初版 2019年6月4日改訂3版 発行

はじめて色《しき》覚《かく》にであう本《ほん》

色《いろ》って　いろいろ

しきかく学習
カラーメイト

市民図書館
わぁ きれいな 金魚《きんぎょ》！
まっ赤《か》だね
ええ？ ちょっと オレンジっ ぽいよ
でも 魚《さかな》の スイタイ って あんなに 種類《しゅるい》が あるなんて びっくり だよな
え？！
昨日《きのう》教《おそ》わった シキカクの 話《はなし》ね
色《いろ》を 感《かん》じるって 不思議《ふしぎ》 だよな
自分《じぶん》が見《み》ている色《いろ》が 正《ただ》しいと思《おも》っていたけど ほかの人《ひと》や動物《どうぶつ》と 同《おな》じとはかぎらないんだよな

お兄《にい》さんたち何《なに》話《はな》してるの？
スイタイとかシキカクとか色《いろ》がどうとか…
ああ今大学《いまだいがく》で勉強《べんきょう》していることだよ
色《いろ》の見《み》え方《かた》の研究《けんきゅう》をしている先生《せんせい》の授業《じゅぎょう》がとてもおもしろいの
談話室《だんわしつ》
色《いろ》を感《かん》じるのは目《め》のおくにあるすいたい（錐体《すいたい》）というセンサーがあるからなのよ
カメラからの信号《しんごう》でテレビに色《いろ》が映《うつ》るように
テレビカメラ
光
光
光
光
信号《しんごう》
ケーブル
神経《しんけい》
いろいろだ
信号
センサーのすいたいで受《う》け取《と》って
色《いろ》は脳《のう》でつくられるのよ

※ゼブラフィッシュ（別名《べつめい》ゼブラダニオ）という体長《たいちょう》5センチほどの魚《さかな》は8種類《しゅるい》のすいたいをもっていることが発見《はっけん》されました

○○ 研究室
おじゃまします
いらっしゃい
ではまず色《いろ》の感《かん》じ方《かた》にちがいがあることを確かめてみようね
それぞれ横《よこ》にならんだ3つ目《め》立《だ》って見《み》えるのはどれ？
赤
緑
青緑
黄
黄緑
淡い青緑
わたしはどちらもいちばん左《ひだり》が目《め》立《だ》って見《み》えるわ
ぼくは青緑《あおみどり》が大《おお》きくちがって見《み》えるなぁ
どちらも正解《せいかい》！
多数色覚《たすうしきかく》の人《ひと》は赤が目《め》立《だ》って見《み》えて少数色覚《しょうすうしきかく》の人《ひと》は青色《あおいろ》が目《め》立《だ》って見《み》えるとくちょうがあるんだ
同《おな》じ人間《にんげん》でも色《いろ》を見《み》分《わ》ける感覚《かんかく》にはちがいがあるんだ人数《にんずう》が少《すく》ないからといって少数色覚《しょうすうしきかく》は特別《とくべつ》なことではないんだよ

色《いろ》の見《み》え方《かた》を調《しら》べる検査《けんさ》はないんですか？
こんな検査《けんさ》方法《ほうほう》があるのよけれども…
【仮性同色表《かせいどうしょくひょう》】
色《いろ》のモザイクの中《なか》から数字《すうじ》や記号《きごう》を読《よ》み取《と》ります
【パネルD-15】
15色《しょく》のパネルを色《いろ》の順《じゅん》に並《なら》べます
【アノマロスコープ】
中《なか》の色《いろ》の光《ひかり》をのぞいて判定《はんてい》します
けれども？
検査《けんさ》でわかるのは「ある色《いろ》とほかの色《いろ》を見分《みわ》けられるか」だけで「どのように見《み》えているか」ではないんだよ
そうかぁ
でもセンサーが2つより3つのほうが色《いろ》を多く見分《みわ》けられますよね
…ということは3色型《しょくがた》色覚《しきかく》のほうが生活《せいかつ》するのに都合《つごう》がいい！
ふふふそれがそうでもないのよ
人間《にんげん》以外《いがい》の研究《けんきゅう》からいろいろわかってきてるんだ
たとえばおさるさん

※アメリカ大陸《たいりく》の中央部《ちゅうおうぶ》から南《みなみ》アメリカ大陸《たいりく》までの広《ひろ》い地域《ちいき》のこと

もう一つ《ひと》実験《じっけん》絵《え》の中《なか》のどの動物《どうぶつ》が見《み》つけやすいかな？
おさるさんが木《き》の上《うえ》にいるわ
草《くさ》むらに2頭《とう》何《なに》かいるね…
鳥《とり》は1羽《わ》かと思《おも》ったら…
人《ひと》によって見《み》つけやすい動物《どうぶつ》がちがったりするよね
それぞれのタイプにとくいな色分《いろわ》けがあるということですね
実《じつ》はこれまで少数色覚《しょうすうしきかく》の人《ひと》について理解《りかい》されなかったり誤解《ごかい》からいろいろおかしなことが起《お》きてたんだ
病気《びょうき》のように治《なお》そうとしたり
電流《でんりゅう》を流《なが》す治療《ちりょう》をしましょう
病気《びょうき》じゃないんだから治療《ちりょう》なんておかしいよ

※今《いま》は少数色覚《しょうすうしきかく》のお医者《いしゃ》さんやデザイナーや学校《がっこう》の先生《せんせい》もたくさんいます

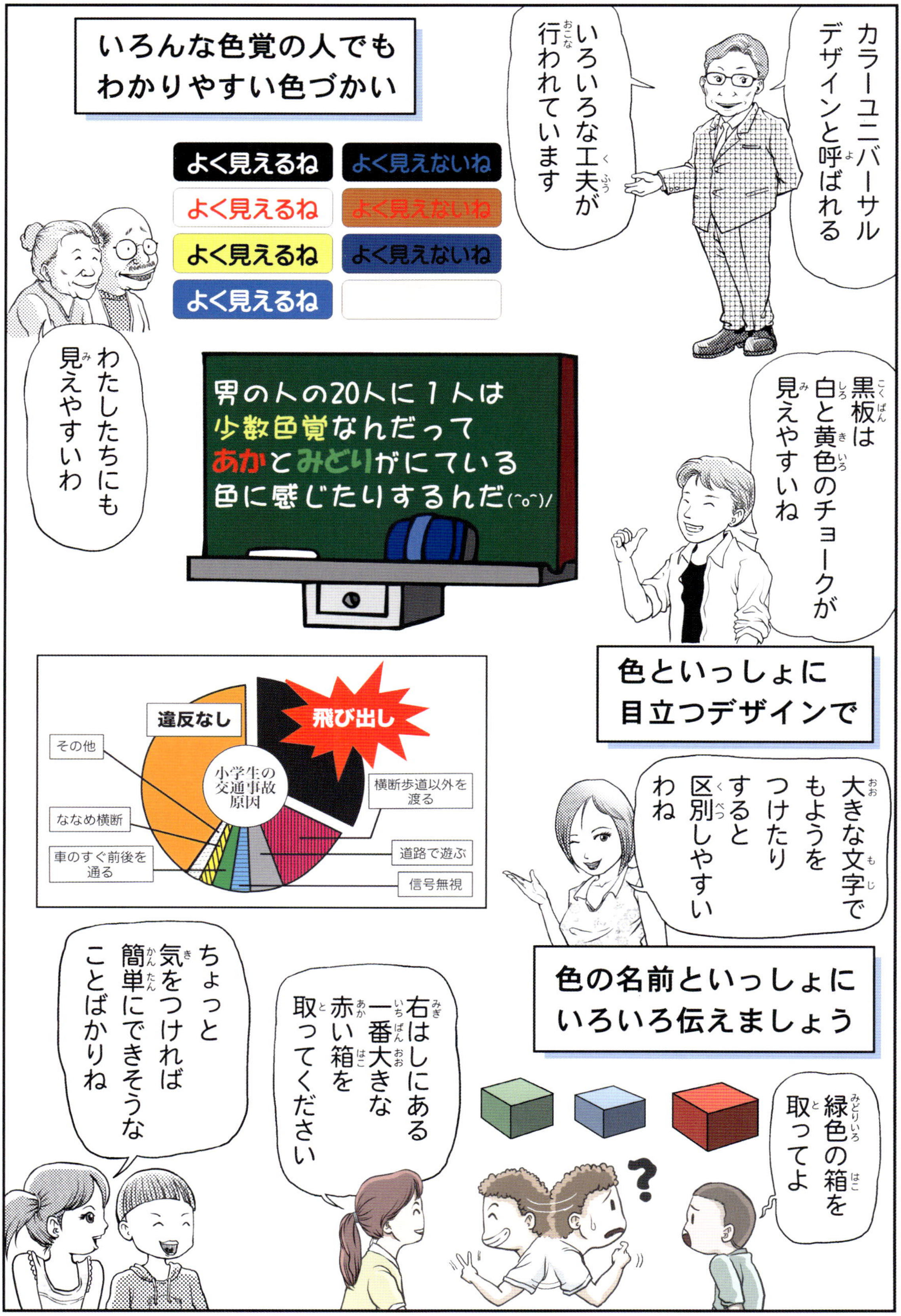
いろんな色覚の人でも
わかりやすい色づかい
カラーユニバーサルデザインと呼《よ》ばれる
いろいろな工夫《くふう》が行《おこな》われています
よく見えるね
よく見えないね
よく見えるね
よく見えないね
よく見えるね
よく見えないね
よく見えるね
わたしたちにも見《み》えやすいわ
男の人の20人に1人は
少数色覚なんだって
あかとみどりがにている
色に感じたりするんだ(^o^)/
黒板《こくばん》は白《しろ》と黄色《きいろ》のチョークが見《み》えやすいね
色といっしょに
目立つデザインで
小学生の交通事故原因
違反なし
飛び出し
その他
横断歩道以外を渡る
ななめ横断
道路で遊ぶ
車のすぐ前後を通る
信号無視
大《おお》きな文字《もじ》でもようをつけたりすると区別《くべつ》しやすいわね
色の名前といっしょに
いろいろ伝えましょう
緑色《みどりいろ》の箱《はこ》を取《と》ってよ
?
右《みぎ》はしにある一番《いちばん》大《おお》きな赤《あか》い箱《はこ》を取《と》ってください
ちょっと気《き》をつければ簡単《かんたん》にできそうなことばかりね

わたしたちの中《なか》にも少数色覚《しょうすうしきかく》の人《ひと》がたくさんいるのよね
ぼくたちもいろいろな工夫《くふう》や助《たす》け合《あ》いを心《こころ》がけなきゃいけないね
そうですそういう理解《りかい》が深《ふか》まれば
色覚《しきかく》バリアフリーが実現《じつげん》できるよ
できることから始《はじ》めよう
わたしたちの手《て》で…
いろんな色覚《しきかく》の人《ひと》がともに生《い》きるすばらしさ！色覚《しきかく》だけじゃないねいろんな感《かん》じ方《かた》の人《ひと》がいっしょにいるから楽《たの》しくてすてきな世《よ》の中《なか》なんだ
そのとおりね！
人間《にんげん》っておもしろい！
いろいろがいいのよね

おうちのかたへ

人間《にんげん》には色《いろ》を感《かん》じる色覚《しきかく》があります。色覚《しきかく》は眼《め》の奥《おく》にある錐体《すいたい》という細胞《さいぼう》が光《ひかり》の波長《はちょう》に反応《はんのう》し、脳《のう》にその信号《しんごう》が送《おく》られ発生《はっせい》します。多《おお》くの人《ひと》は錐体《すいたい》を３種類《しゅるい》もっていますが、錐体《すいたい》の感度《かんど》が多《おお》くの人《ひと》と少《すこ》し違《ちが》ったり、錐体《すいたい》の種類《しゅるい》が２種類《しゅるい》だったりする少数色覚《しょうすうしきかく》の人《ひと》（色覚《しきかく》が少数《しょうすう》派《は》で日本人男性《にほんじんだんせい》の約《やく》２０人《にん》に一人《ひとり》、女性《じょせい》の約《やく》５００人《にん》に一人《ひとり》の割合《わりあい》）もいます。

<table>
<tr><th colspan="3" rowspan="2">色覚の分類</th><th rowspan="2"></th><th colspan="3">錐体</th><th rowspan="2">桿体</th><th rowspan="2">日本人男性の出現率</th><th colspan="2" rowspan="2">眼科学会の呼称</th></tr>
<tr><th>S</th><th>M</th><th>L</th></tr>
<tr><td colspan="3">多数色覚（３色覚）</td><td>C型</td><td>○</td><td>○</td><td>○</td><td>○</td><td>約９５％</td><td colspan="2">正常色覚</td></tr>
<tr><td rowspan="9">先天少数色覚</td><td rowspan="4">先天赤緑少数色覚</td><td rowspan="2">少数３色覚</td><td>P型</td><td>○</td><td>○</td><td>☆</td><td>○</td><td rowspan="4">P型合計　約1．5％
D型合計　約3．5％</td><td rowspan="9">色覚異常</td><td>１型３色覚</td></tr>
<tr><td>D型</td><td>○</td><td>☆</td><td>○</td><td>○</td><td>２型３色覚</td></tr>
<tr><td rowspan="2">２色覚</td><td>P型</td><td>○</td><td>○</td><td></td><td>○</td><td>１型２色覚</td></tr>
<tr><td>D型</td><td>○</td><td></td><td>○</td><td>○</td><td>２型２色覚</td></tr>
<tr><td colspan="2">２色覚</td><td>T型</td><td></td><td>○</td><td>○</td><td>○</td><td>T型　約0．001％以下</td><td>３型２色覚</td></tr>
<tr><td colspan="2" rowspan="3">錐体１色覚</td><td rowspan="4">A型</td><td>○</td><td></td><td></td><td>○</td><td rowspan="4">約0．001％</td><td rowspan="4">１色覚</td></tr>
<tr><td></td><td>○</td><td></td><td>○</td></tr>
<tr><td></td><td></td><td>○</td><td>○</td></tr>
<tr><td colspan="2">桿体１色覚</td><td></td><td></td><td></td><td>○</td></tr>
</table>

○　＝　機能させている
☆　＝　○とは異なる波長感度をもっている

少数色覚《しょうすうしきかく》は伴性潜性遺伝《はんせいせんせいいでん》という法則《ほうそく》で子孫《しそん》に伝《つた》わります。日本人女《にほんじんじょ》性《せい》の１０人《にん》に一人《ひとり》は少数色覚《しょうすうしきかく》の子《こ》どもが生《う》まれる可能性《かのうせい》のある保因者《ほいんしゃ》です。少数色覚《しょうすうしきかく》はとても多《おお》くの女性《じょせい》にも関係《かんけい》する身近《みぢか》なものです。

これまで、少数色覚《しょうすうしきかく》は多数色覚《たすうしきかく》にくらべて劣《おと》ったものだととらえられることが多《おお》くありました。そのため少数色覚者《しょうすうしきかくしゃ》の受《う》け入《い》れを拒否《きょひ》する学校《がっこう》や職場《しょくば》があるなどの人権問題《じんけんもんだい》があり、残念《ざんねん》ながらそれは今《いま》も一部残《いちぶのこ》されています。「検査《けんさ》で早《はや》く少数色覚者《しょうすうしきかくしゃ》を発見《はっけん》し色《いろ》を使《つか》う仕事《しごと》を避《さ》けさせるべきだ」という考《かんが》えもあります。しかし、少数色覚者《しょうすうしきかくしゃ》を拒否《きょひ》する正当《せいとう》な理由《りゆう》が本当《ほんとう》にあるのでしょうか？

現代《げんだい》、人間《にんげん》は身《み》につける服《ふく》の色《いろ》を選《えら》んだり絵《え》に色《いろ》を塗《ぬ》ったり色《いろ》を自由《じゆう》に使《つか》えるようになりました。多数色覚者《たすうしきかくしゃ》を基準《きじゅん》に決《き》められた色《いろ》の名前《なまえ》は少数色覚者《しょうすうしきかくしゃ》にわかりづらいことも確《たし》かにあり、見分《みわ》けるのが難《むずか》しいこともあります。でも、この冊子《さっし》でその逆《ぎゃく》があることもおわかりいただけると思《おも》います。

少数色覚者《しょうすうしきかくしゃ》は年齢《ねんれい》を重《かさ》ねるにつれ自分《じぶん》の色覚《しきかく》をしだいに理解《りかい》し、どうすればよいかを身《み》につけていきます。全国《ぜんこく》に３２０万人《まんにん》もの少数色覚者《しょうすうしきかくしゃ》がいますが、「困《こま》った」という声《こえ》をほとんど聞《き》くことがないのはそのためです。

最近《さいきん》の研究《けんきゅう》で、人間《にんげん》の色覚《しきかく》は人《ひと》によって大《おお》きく異《こと》なる多様性《たようせい》があること、少数色覚《しょうすうしきかく》には多数色覚《たすうしきかく》にはないすぐれた面《めん》もあることなどが明《あき》らかになりました。また、色覚《しきかく》の違《ちが》いによる社会《しゃかい》の壁《かべ》をなくそうとする「色覚《しきかく》バリアフリー」の取《と》り組《く》みも大《おお》きく広《ひろ》がりつつあります。

色覚《しきかく》だけではありません。人《ひと》にはいろいろな多様性《たようせい》があり一人一人《ひとりひとり》みな違《ちが》います。わたしたちは、それらの違《ちが》いをお互《たが》い認《みと》め合《あ》い、助《たす》け合《あ》える、みんなにやさしい社会《しゃかい》づくりをめざしています。

【おことわり】本冊子《ほんさっし》は人権問題《じんけんもんだい》として色覚《しきかく》を考《かんが》える学習資料《がくしゅうしりょう》です。多《おお》くの人《ひと》と異《こと》なる色覚《しきかく》やそれを有《ゆう》する人《ひと》には社会的少数者《しやかいてきしょうすうしゃ》としての人権問題《じんけんもんだい》があるという考《かんが》え方《かた》から、医学用語《いがくようご》ではなく、特《とく》徴《ちょう》を「少数色覚《しょうすうしきかく》」、人《ひと》を「少数色覚者《しょうすうしきかくしゃ》」と称《しょう》しています。

しきかく学習
カラーメイト
https://color-mate.net/

カラーメイト

製作・著作　しきかく学習カラーメイト（代表　尾家 宏昭）　E-Mail　info@color-mate.net
マンガ　金 孝源＝キム・ヒョウォン（別府大学 文学部 国際言語・文化学科 マンガ・アニメーションコース 専任講師）
脚色協力　田代 しんたろう（別府大学 文学部 国際言語・文化学科 マンガ・アニメーションコース 客員教授）
監修（50音順）　岡部 正隆（東京慈恵会医科大学 解剖学講座 教授、カラーユニバーサルデザイン機構 副理事長）
河村 正二（東京大学 大学院 新領域創成科学研究科 先端生命科学専攻 人類進化システム分野 教授）
齋藤 慈子（武蔵野大学 教育学部 児童教育学科 講師）
高柳 泰世（本郷眼科・神経内科、名古屋市学校医(眼科)会 名誉会長、藤田保健衛生大学医学部公衆衛生学 客員教授）

2017年3月20日初版 2019年6月4日改訂3版 発行

はじめて色《しき》覚《かく》にであう本《ほん》

色《いろ》って　いろいろ

しきかく学習
カラーメイト

市民図書館
わぁ きれいな 金魚《きんぎょ》！
まっ赤《か》だね
ええ? ちょっとオレンジっぽいよ
でも魚《さかな》のスイタイってあんなに種類《しゅるい》があるなんてびっくりだよな
え?!
昨日《きのう》教《おそ》わったシキカクの話《はなし》ね
色《いろ》を感《かん》じるって不思議《ふしぎ》だよな
自分《じぶん》が見《み》ている色《いろ》が正《ただ》しいと思《おも》っていたけど ほかの人《ひと》や動物《どうぶつ》と同《おな》じとはかぎらないんだよな

お兄《にい》さんたち 何《なに》話《はな》してるの?
スイタイとか シキカクとか 色《いろ》がどうとか…
ああ 今大学《いまだいがく》で 勉強《べんきょう》している ことだよ
色《いろ》の見《み》え方《かた》の 研究《けんきゅう》をしている 先生《せんせい》の授業《じゅぎょう》が とてもおもしろいの
談話室《だんわしつ》
色《いろ》を感《かん》じるのは 目《め》のおくにある すいたい（錐体《すいたい》） というセンサーが あるからなのよ
カメラ からの 信号《しんごう》で テレビに 色《いろ》が映《うつ》る ように
テレビカメラ
光
光
光
光
信号《しんごう》
ケーブル
神経《しんけい》
いろいろだ
信号
センサーの すいたいで受《う》け取《と》って
色《いろ》は 脳《のう》で つくられ るのよ

※ゼブラフィッシュ（別名《べつめい》ゼブラダニオ）という体長《たいちょう》5センチほどの魚《さかな》は8種類《しゅるい》のすいたいをもっていることが発見《はっけん》されました

○○ 研究室
おじゃまします
いらっしゃい
ではまず色《いろ》の感《かん》じ方《かた》にちがいがあることを確かめてみようね
それぞれ横《よこ》にならんだ3つ目立《めだ》って見《み》えるのはどれ？
赤
緑
青緑
黄
黄緑
淡い青緑
わたしはどちらもいちばん左《ひだり》が目立《めだ》って見《み》えるわ
ぼくは青緑《あおみどり》が大《おお》きくちがって見《み》えるなぁ
どちらも正解《せいかい》！
多数色覚《たすうしきかく》の人《ひと》は赤が目立《めだ》って見《み》えて少数色覚《しょうすうしきかく》の人《ひと》は青色《あおいろ》が目立《めだ》って見《み》えるとくちょうがあるんだ
同《おな》じ人間《にんげん》でも色《いろ》を見分《みわ》ける感覚《かんかく》にはちがいがあるんだ人数《にんずう》が少《すく》ないからといって少数色覚《しょうすうしきかく》は特別《とくべつ》なことではないんだよ

色《いろ》の見《み》え方《かた》を調《しら》べる検査《けんさ》はないんですか?
こんな検査方法《けんさほうほう》があるのよけれども…
【仮性同色表《かせいどうしょくひょう》】
色《いろ》のモザイクの中《なか》から数字《すうじ》や記号《きごう》を読《よ》み取《と》ります
【パネルD-15】
15色《しょく》のパネルを色《いろ》の順《じゅん》に並《なら》べます
【アノマロスコープ】
中《なか》の色《いろ》の光《ひかり》をのぞいて判定《はんてい》します
けれども?
検査《けんさ》でわかるのは「ある色《いろ》とほかの色《いろ》を見分《みわ》けられるか」だけで「どのように見《み》えているか」ではないんだよ
そうかぁ
でもセンサーが2つより3つのほうが色《いろ》を多く見分《みわ》けられますよね
…ということは3色型色覚《しょくがたしきかく》のほうが生活《せいかつ》するのに都合《つごう》がいい!
ふふふそれがそうでもないのよ
人間以外《にんげんいがい》の研究《けんきゅう》からいろいろわかってきてるんだ
たとえばおさるさん

※アメリカ大陸《たいりく》の中央部《ちゅうおうぶ》から南《みなみ》アメリカ大陸《たいりく》までの広《ひろ》い地域《ちいき》のこと

もう一《ひと》つ実験《じっけん》
絵《え》の中《なか》のどの動物《どうぶつ》が見《み》つけやすいかな?
おさるさんが木《き》の上《うえ》にいるわ
草《くさ》むらに2頭《とう》何《なに》かいるね…
鳥《とり》は1羽《わ》かと思《おも》ったら…
人《ひと》によって見《み》つけやすい動物《どうぶつ》がちがったりするよね
それぞれのタイプにとくいな色分《いろわ》けがあるということですね
実《じつ》はこれまで少数色覚《しょうすうしきかく》の人《ひと》について理解《りかい》されなかったり誤解《ごかい》からいろいろおかしなことが起《お》きてたんだ
病気《びょうき》のように治《なお》そうとしたり
電流《でんりゅう》を流《なが》す治療《ちりょう》をしましょう
病気《びょうき》じゃないんだから治療《ちりょう》なんておかしいよ

※今《いま》は少数色覚《しょうすうしきかく》のお医者《いしゃ》さんやデザイナーや学校《がっこう》の先生《せんせい》もたくさんいます

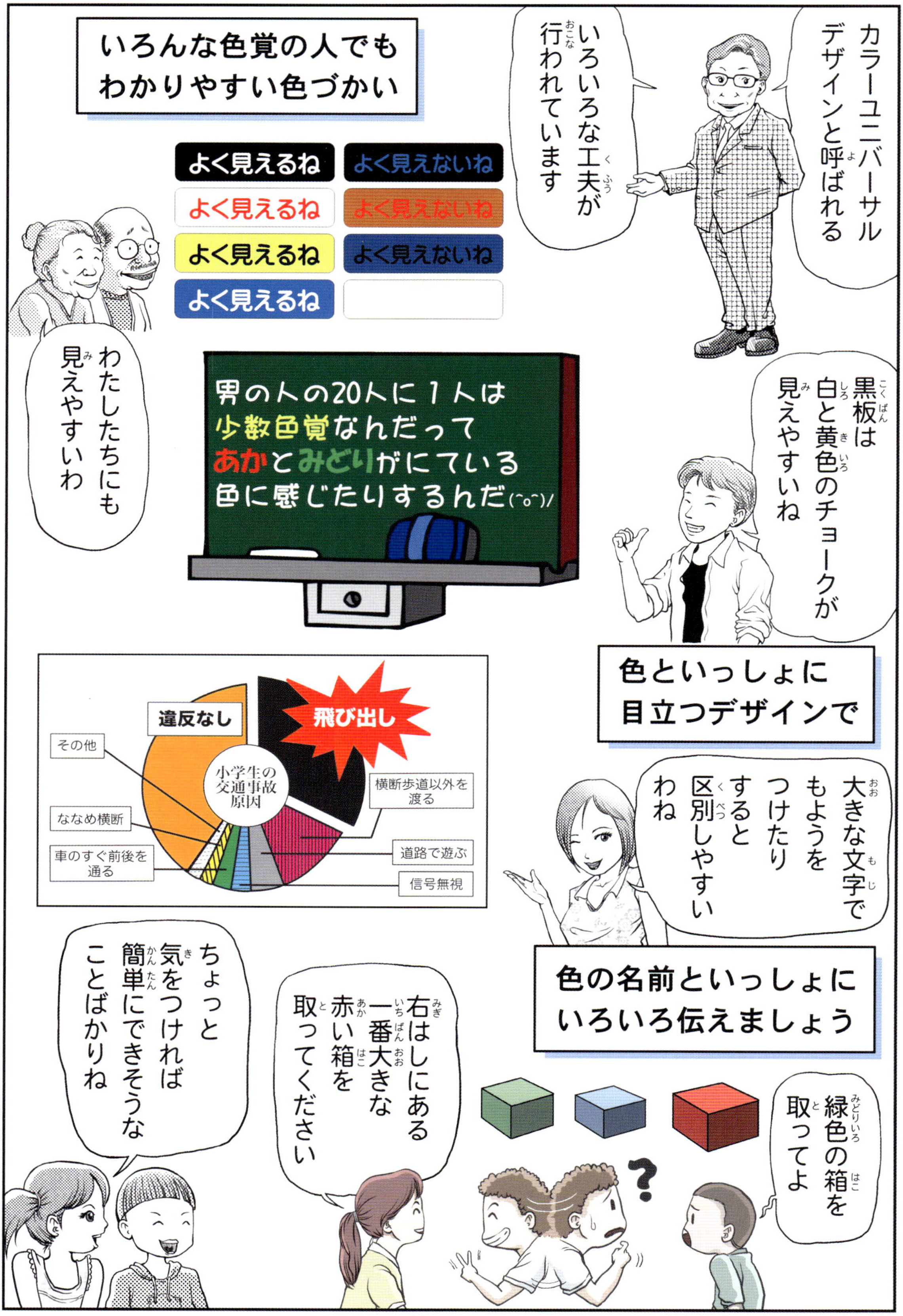
カラーユニバーサルデザインと呼《よ》ばれる
いろいろな工夫《くふう》が行《おこな》われています
いろんな色覚の人でもわかりやすい色づかい
よく見えるね
よく見えないね
よく見えるね
よく見えないね
よく見えるね
よく見えないね
よく見えるね
わたしたちにも見《み》えやすいわ
男の人の20人に1人は少数色覚なんだって
あかとみどりがにている色に感じたりするんだ(^o^)/
黒板《こくばん》は白《しろ》と黄色《きいろ》のチョークが見《み》えやすいね
色といっしょに目立つデザインで
違反なし
飛び出し
その他
小学生の交通事故原因
横断歩道以外を渡る
ななめ横断
車のすぐ前後を通る
道路で遊ぶ
信号無視
大《おお》きな文字《もじ》でもようをつけたりすると区別《くべつ》しやすいわね
色の名前といっしょにいろいろ伝えましょう
緑色《みどりいろ》の箱《はこ》を取《と》ってよ
右《みぎ》はしにある一番《いちばん》大《おお》きな赤《あか》い箱《はこ》を取《と》ってください
ちょっと気《き》をつければ簡単《かんたん》にできそうなことばかりね

わたしたちの中《なか》にも少数《しょうすう》色覚《しきかく》の人《ひと》がたくさんいるのよね
ぼくたちもいろいろな工夫《くふう》や助《たす》け合《あ》いを心《こころ》がけなきゃいけないね
そうですそういう理解《りかい》が深《ふか》まれば
色覚《しきかく》バリアフリーが実現《じつげん》できるよ
できることから始《はじ》めよう
わたしたちの手《て》で…
いろんな色覚《しきかく》の人《ひと》がともに生《い》きるすばらしさ！色覚《しきかく》だけじゃないねいろんな感《かん》じ方《かた》の人《ひと》がいっしょにいるから楽《たの》しくてすてきな世《よ》の中《なか》なんだ
そのとおりね！
人間《にんげん》っておもしろい！
いろいろがいいのよね

おうちのかたへ

人間《にんげん》には色《いろ》を感《かん》じる色覚《しきかく》があります。色覚《しきかく》は眼《め》の奥《おく》にある錐体《すいたい》という細胞《さいぼう》が光《ひかり》の波長《はちょう》に反応《はんのう》し、脳《のう》にその信号《しんごう》が送《おく》られ発生《はつせい》します。多《おお》くの人《ひと》は錐体《すいたい》を３種類《しゆるい》もっていますが、錐体《すいたい》の感度《かんど》が多《おお》くの人《ひと》と少《すこ》し違《ちが》ったり、錐体《すいたい》の種類《しゅるい》が２種類《しゅるい》だったりする少数色覚《しょうすうしきかく》の人《ひと》（色覚《しきかく》が少数派《しょうすうは》で日本人男性《にほんじんだんせい》の約《やく》２０人《にん》に一人《ひとり》、女性《じょせい》の約《やく》５００人《にん》に一人《ひとり》の割合《わりあい》）もいます。

少数色覚《しょうすうしきかく》は伴性潜性遺伝《はんせいせんせいいでん》という法則《ほうそく》で子孫《しそん》に伝《つた》わります。日本人女性《にほんじんじょせい》の１０人《にん》に一人《ひとり》は少数色覚《しょうすうしきかく》の子《こ》どもが生《う》まれる可能性《かのうせい》のある保因者《ほいんしゃ》です。少数色覚《しょうすうしきかく》はとても多《おお》くの女性《じょせい》にも関係《かんけい》する身近《みぢか》なものです。

色覚の分類

				錐体			桿体	日本人男性の出現率	眼科学会の呼称	
				S	M	L				
多数色覚（３色覚）			C型	○	○	○	○	約９５％	正常色覚	
先天少数色覚	先天赤緑少数色覚	少数３色覚	P型	○	○	☆	○	P型合計　約1．5％	色覚異常	１型３色覚
			D型	○	☆	○	○			２型３色覚
		２色覚	P型	○	○		○	D型合計　約3．5％		１型２色覚
			D型	○		○	○			２型２色覚
	２色覚		T型		○	○	○	T型　約0．001％以下		３型２色覚
	錐体１色覚		A型	○			○	約0．001％		１色覚
					○		○			
						○	○			
	桿体１色覚						○			

○　＝　機能させている
☆　＝　○とは異なる波長感度をもっている

これまで、少数色覚《しょうすうしきかく》は多数色覚《たすうしきかく》にくらべて劣《おと》ったものだととらえられることが多《おお》くありました。そのため少数色覚者《しょうすうしきかくしゃ》の受《う》け入《い》れを拒否《きょひ》する学校《がっこう》や職場《しょくば》があるなどの人権問題《じんけんもんだい》があり、残念《ざんねん》ながらそれは今《いま》も一部《いちぶ》残《のこ》されています。「検査《けんさ》で早《はや》く少数色覚者《しょうすうしきかくしゃ》を発見《はっけん》し色《いろ》を使《つか》う仕事《しごと》を避《さ》けさせるべきだ」という考《かんが》えもあります。しかし、少数色覚者《しょうすうしきかくしゃ》を拒否《きょひ》する正当《せいとう》な理由《りゆう》が本当《ほんとう》にあるのでしょうか？

現代《げんだい》、人間《にんげん》は身《み》につける服《ふく》の色《いろ》を選《えら》んだり絵《え》に色《いろ》を塗《ぬ》ったり色《いろ》を自由《じゆう》に使《つか》えるようになりました。多数色覚者《たすうしきかくしゃ》を基準《きじゅん》に決《き》められた色《いろ》の名前《なまえ》は少数色覚者《しょうすうしきかくしゃ》にわかりづらいことも確《たし》かにあり、見分《みわ》けるのが難《むずか》しいこともあります。でも、この冊子《さっし》でその逆《ぎゃく》があることもおわかりいただけると思《おも》います。

少数色覚者《しょうすうしきかくしゃ》は年齢《ねんれい》を重《かさ》ねるにつれ自分《じぶん》の色覚《しきかく》をしだいに理解《りかい》し、どうすればよいかを身《み》につけていきます。全国《ぜんこく》に３２０万人《まんにん》もの少数色覚者《しょうすうしきかくしゃ》がいますが、「困《こま》った」という声《こえ》をほとんど聞《き》くことがないのはそのためです。

最近《さいきん》の研究《けんきゅう》で、人間《にんげん》の色覚《しきかく》は人《ひと》によって大《おお》きく異《こと》なる多様性《たようせい》があること、少数色覚《しょうすうしきかく》には多数色覚《たすうしきかく》にはないすぐれた面《めん》もあることなどが明《あき》らかになりました。また、色覚《しきかく》の違《ちが》いによる社会《しゃかい》の壁《かべ》をなくそうとする「色覚《しきかく》バリアフリー」の取《と》り組《く》みも大《おお》きく広《ひろ》がりつつあります。

色覚《しきかく》だけではありません。人《ひと》にはいろいろな多様性《たようせい》があり一人一人《ひとりひとり》みな違《ちが》います。わたしたちは、それらの違《ちが》いをお互《たが》い認《みと》め合《あ》い、助《たす》け合《あ》える、みんなにやさしい社会《しゃかい》づくりをめざしています。

【おことわり】本冊子《ほんさっし》は人権問題《じんけんもんだい》として色覚《しきかく》を考《かんが》える学習資料《がくしゅうしりょう》です。多《おお》くの人《ひと》と異《こと》なる色覚《しきかく》やそれを有《ゆう》する人《ひと》には社会的少数者《しやかいてきしょうすうしゃ》としての人権問題《じんけんもんだい》があるという考《かんが》え方《かた》から、医学用語《いがくようご》ではなく、特《とく》徴《ちょう》を「少数色覚《しょうすうしきかく》」、人《ひと》を「少数色覚者《しょうすうしきかくしゃ》」と称《しょう》しています。

しきかく学習
カラーメイト

https://color-mate.net/

カラーメイト

製作・著作　しきかく学習カラーメイト（代表　尾家 宏昭）　E-Mail　info@color-mate.net
マ ン ガ　金 孝源＝キム・ヒョウォン（別府大学 文学部 国際言語・文化学科 マンガ・アニメーションコース 専任講師）
脚色協力　田代 しんたろう（別府大学 文学部 国際言語・文化学科 マンガ・アニメーションコース 客員教授）
監　修
（50音順）
岡部 正隆（東京慈恵会医科大学 解剖学講座 教授、カラーユニバーサルデザイン機構 副理事長）
河村 正二（東京大学 大学院 新領域創成科学研究科 先端生命科学専攻 人類進化システム分野 教授）
齋藤 慈子（武蔵野大学 教育学部 児童教育学科 講師）
高柳 泰世（本郷眼科・神経内科、名古屋市学校医(眼科)会 名誉会長、藤田保健衛生大学医学部公衆衛生学 客員教授）

2017年3月20日初版 2019年6月4日改訂3版 発行